AF482958

Pierre de Beaumarchais

Figaro's Hochzeit: Ein toller Tag

e-artnow 2018

Jean Baptiste Molière
Der Tartuffe oder Der Betrüger

Jean Baptiste Molière
Der Menschenfeind (Le Misanthrope)

Jean Baptiste Molière
Der Geizige (L'Avare)

Edmond Rostand
Cyrano von Bergerac (Weltklassiker): Klassiker der französischen Literatur

Pierre Corneille
Der Cid

Pierre de Beaumarchais

Figaro's Hochzeit: Ein toller Tag

Übersetzer: Franz Dingelstedt

e-artnow, 2018
ISBN 978-80-273-1012-8

Inhaltsverzeichnis

Einleitung. 11

Personen: 18

Erster Aufzug 19

Zweiter Aufzug. 37

Dritter Aufzug. 59

Vierter Aufzug. 78

Fünfter Aufzug. 93

Fußnoten 113

Einleitung.

Nachstehender Beitrag zur »Bibliothek ausländischer Klassiker« bedarf einer erklärenden Vorrede. Er bietet dem Leser nicht ein reines Kunstwerk, das sich selbst erklärt, auch nicht ein hohes Meisterwerk von der Formvollendung einer griechischen Tragödie oder der ursprünglichen, ewigen komischen Kraft einer Komödie Shakespeare's, Molière's; »Figaro's Hochzeit« ist vielmehr ein Zeit- und Sittengemälde, ein Stück Tendenzliteratur. Und doch gehört sie nothwendig in ein Panorama der Weltliteratur; denn sie hat Epoche gemacht, nicht blos auf der Bühne, sondern in der Kulturgeschichte, sie stellt sich, von heutigem Standpunkte betrachtet und beleuchtet, dar als ein, wenn auch unbewußtes, doch tiefbedeutungsvolles lustiges Vorspiel des größten Drama's der neuen Weltgeschichte. Sie gleicht dem vulkanischen Ausbruch, der dem Erdbeben im Völkerleben vorangeht, von ihm erzeugt und doch es ankündigend. Werk, Verfasser und Zeit erläutern und bedingen hier einander in so innigem Zusammenhang, daß sie, getrennt, nicht verstanden und nicht gewürdigt werden können. Fassen wir sie denn zusammen auf, in einem flüchtigen Ueberblick, so kurz wie möglich, und wie nach Raum und dem Plane der »Bibliothek« nöthig.[1]

Pierre Augustin Caron wurde am 24. Januar 1732 geboren, in der Straße St. Denis zu Paris, als Sohn eines Uhrmachers. Er lernte das Handwerk seines Vaters, vielleicht nicht ganz und gar aus Neigung, jedoch so gut und tüchtig, daß er es bis zum 24. Lebensjahr ausübte und es sogar zu einer verbessernden Erfindung darin brachte, die »Hemmung« betreffend, über welche Erfindung er in einen Zeitungs- und Rechtsstreit mit unbefugten Nachahmern gerieth, den ersten der zahlreichen Prozesse, die sein langes Leben ausfüllen. » **Ma vis est un combat**«; dies Wort Voltaires ist mit Recht der Gesamtausgabe von Beaumarchais' Schriften (Paris 1809) als Motto vorangesetzt.

Den jungen Uhrmacher, einen unruhigen und heißen Kopf, zog es aus dem Glaskasten der väterlichen Werkstatt unwiderstehlich hinaus in die Welt, aus dem Dunst des Kramerviertels von Paris in die Versailler Hofluft, die Moschus- und Verwesung duftende. Seine Kunstfertigkeit auf der Harfe, einem Instrument, das damals in Frankreich noch den Reiz der Neuheit hatte, bahnte ihm den Weg, vereinigt mit einer äußerst vorteilhaften, aber auch jeden Vortheil schlau wahrnehmenden und dreist verfolgenden Persönlichkeit. Er ward binnen Kurzem der Günstling der vier Töchter Ludwigs XV., Mesdames de France, spielte eine Figur in ihren vertrauten Zirkeln, sang, musicirte und dirigirte in den kleinen Familienkoncerten des Hofes. Doch genügte die Rolle eines David vor dem altgewordenen Saul weder dem Ehrgeiz, noch dem Thatendrang des strebsamen Adepten. Zu seinem Glücke gab es in das sonst überall verschlossene und jedem Profanen unzugängliche Allerheiligste und Allerhöchste gewisse Hinterthüren. Das absolute Königthum verkaufte, um festen Preis, oder auch an den Meistbietenden, kleine und große Titel, Hofämter, Chargen, welche sich, zum Theil unter den barocksten Bezeichnungen, in dem **Almanach de Versailles** als Reste einer vorsündfluthlichen Zeit erhalten haben: Beaumarchais wurde 1755 **controleur clerc d'office de la maison du Roi**, was nach heutigem Stil etwa in Hofküchenschreiber zu übersetzen sein wird. Die Rechte und Verpflichtungen dieser Stellung bestanden darin, bei Galatafeln »das Fleisch Seiner Majestät« zu serviren. Molière, der Dichter des Tartufe, als valet de chambre tapissier Ludwigs XIV., und Beaumarchais- Figaro, der feierlich, den Hofdegen an der Seite, vor dem Küchenpersonal einherschreitet und »la viande du Roi« auf die Tafel Ludwigs XV. setzt: das sind zwei von jenen unvergleichlichen, tiefironischen und hochkomischen Randzeichnungen, mit welchen der Humor des Weltgeistes seine ernsten Annalen spielend zu illustriren pflegt.

Der Hofinvalide, von welchem Beaumarchais sein Amt, wie heutzutage eine Realgerechtsame, erstanden hatte, erwies ihm den weiteren Dienst, bald darauf das Zeitliche zu segnen. Beaumarchais heirathete seine Wittwe und nahm, – angeblich von einer kleinen Besitzung derselben, in Wahrheit aber wohl aus eigener Erfindung und Wahl, – statt des kahlen, kurzen Namens Caron, der über dem Ladenschilde seines Vaters noch prangte, den längeren, volltönenderen an, welchen er später in einem der glänzendsten Stadtviertel von Paris (Boulevart Beaumarchais) und in

der Literaturgeschichte verewigen sollte. Das kleine Vermögen seiner Frau bildete die Grundlage seiner mannigfachen, in das Höchste gehenden, zwischen Millionen und Null schwankenden Unternehmungen. Einer der Rothschilde oder Pereires jener Zeit, Paris du Verney, welchem Beaumarchais eine werthvolle Auszeichnung durch die Prinzessinnen, seine treuen Gönnerinnen, verschafft hatte, betheiligte ihn zum Dank bei gewinnreichen Unternehmungen und weihte ihn in die Geheimnisse der hohen Finanzkunst ein. So gewann Beaumarchais die Mittel emporzukommen, die sein Geist allein niemals gegeben haben würde. Im Jahr 1761 stieg er auf zu der Sinecure eines **Secrétaire du Roi**, um den billigen Preis von 85,000 Francs; er bezahlte damit zugleich ein Adelsdiplom. Die Absicht, im folgenden Jahre schon die erledigte Stelle eines **grand-maître des eaux et forêts**, deren es nur 18 in ganz Frankreich gab, um 500,000 Francs an sich zu bringen, mißlang durch den Widerstand seiner Kollegen; er mußte sich mit dem immerhin vornehmen Titel begnügen: **Lieutenant-Général des chasses à la Capitainerie de la Varenne du Louvre**, den er 1763 erlangte. In dieser Eigenschaft hat Beaumarchais, als Stellvertreter eines Herzogs, der **Capitaine-Général** war, geraume Zeit einem Forst-, Rug- und Hegegericht in Sachen königlicher Jagdprivilegien vorgesessen, das im Louvre abgehalten wurde. Nicht ein volles Menschenalter später war die Revolution mit ihrem blutigen Schwamm über alle diese Herrlichkeiten gefahren und hatte den glücklichen Besitzer derselben zurückgelassen als –
Citoyen Beaumarchais.

Wir verzichten darauf, die auf- und absteigende Linie eines solchen Lebenslaufes, in welchem sich die ganze, unstäte, fieberhaft bewegte Zeit abspiegelt, durch alle Windungen und Wechsel zu begleiten. Nur erwähnen wollen wir die verschiedenartigen Felder menschlicher Thätigkeit, auf denen Beaumarchais theils gleichzeitig, theils nach einander gewirkt hat. Er war Geldspekulant, Bank- und Börsenmann, Papierfabrikant, Holzhändler en gros –Schiffsrheder, der eine Flottille von vierzig Kauffahrern, sammt einem eigenen Kriegsschiff von 52 Kanonen zur Deckung, den amerikanischen Freistaaten in dem Unabhängigkeitskampf gegen England, im Auftrag Spaniens und Frankreichs, zu Hülfe sandte, – geheimer Agent Ludwigs XV. und seines Nachfolgers, wie ihrer Minister, in allerlei Aufträgen, die man einer regelmäßigen Diplomatie nicht zuzumuthen pflegt, zum Beispiel Aufkauf von Pasquillen gegen die Pompadour und gegen Königin Marie Antoinette, Verhandlungen mit dem geheimnißvollen Chevalier d'Eon, – Verlagsbuchhändler, der für eine doppelte Gesamtausgabe Voltaire's in 20,000 Exemplaren Lettern aus England, Papier aus Holland kommen ließ und zur Ausführung des Geschäftes dem Markgrafen von Baden ein ganzes Schloß in Kehl abkaufte, – Lieferant für die französische Republik, welcher er 60,000 Stück Musketen über die holländische Grenze zu liefern wußte, – Stifter des jetzt über ganz Frankreich so fest und fruchtbar organisirten Vereins für Bühnenschriftsteller, – Unternehmer zahlreicher Bauwerke, worunter sein eigener, kostbarer Palast am Boulevart, – und nebenbei der populärste Dramatiker Frankreichs. Zu solchen Arbeiten rechne man eine Reihe von persönlichen Fährlichkeiten und Heimsuchungen: die spanische Reise in den Jahren 1764 und 1765, welche ihm, durch Goethe's »Clavigo«, eine andere Art Unsterblichkeit[2] eintrug – dreimalige Verhaftungen in Paris, – eine kurze Staatsgefangenschaft in Wien, – sein Exil in Hamburg, verschärft durch die Achterklärung des Nationalkonvents, durch eigene bitterste Noth, Einkerkerung der Seinigen in Paris, Konfiskation seines Vermögens, – endlich eine ganze Reihe von Rechtshändeln der langwierigsten und schwierigsten Art, mit dem Grafen Lablache um eine Erbschaft, mit dem Parlamentsrath Götzmann und dessen intriguantem Weibe wegen Bestechung, mit dem Banquier Kornmann wegen Mitschuld an Ehebruch; lauter Streitsachen auf bürgerliches Leben oder Sterben, aus denen er zuweilen als Sieger hervorging, aber nicht ohne tiefe Wunden an seiner Ehre, zuweilen als Besiegter, der jedoch dann seinen Gegner mit der vollen Wucht seines Talents in den Schranken der öffentlichen Meinung niederwarf und eine Fluth von Flugschriften über ihn herabschüttete, welche klassisch in ihrer Art zu nennen sind.

Es liegt am Tage, daß einem so zerfahrenen, bewegten, in allen Farben schillernden Leben sowohl die innere Einheit, wie Klarheit, Festigkeit, Halt nach außen fehlen muß. Beaumarchais hat riesige Erfolge gehabt, aber auch riesige Täuschungen und Verluste, höchsten Ruhm neben tiefster Schmach und Demüthigung erfahren, alle Reize und alle Bitterkeiten gekostet, von denen ein Erdenwallen überhaupt ausgefüllt sein kann. Es giebt keine Verleumdung, keine Verfolgung und Feindseligkeit, die ihn nicht, von seinen ersten Schritten auf dem glatten Parket von Versailles bis zum Grabe und darüber hinaus, betroffen, der er nicht, die Pistole oder die Feder in der Hand, verzweifelten Widerstand geleistet hätte. Vor Gericht mußte er sich sogar von der Anklage der Vergiftung zweier, nach kurzer Ehe verstorbenen Gattinnen reinigen; bekanntlich lag Giftmordriecherei während des letzten Viertels des vorigen Jahrhunderts ebenso in der Luft, wie Demagogenriecherei im ersten des jetzigen. Und als er, nach dreijährigem Exil, den Siebzigen nahe, harthörig und körperlich hinfällig geworden, dabei aber immer ungebrochenen Geistes, beißenden Witzes voll, zu jedem guten und schlechten Wortspiel allzeit fertig, nach Paris zurückkehrte, um mit den Machthabern der Republik um die Trümmer seines Vermögens zu ringen, als er auf der Schwelle des neunzehnten Jahrhunderts, am 18. Mai 1799, über Nacht eines stillen und raschen Todes verblich, da wollte man ihm, dem ewigen Spötter und Spieler, selbst dieses ernste, ehrliche Ende nicht glauben: die Wärter flüsterten von Selbstmord durch Gift, wo nichts als ein natürlicher Schlagfluß vorlag. Er starb in demselben Hause am Boulevart, das er sich mit fürstlicher Pracht und Künstlerlaune gebaut, aus dessen Fenstern er am verhängnißvollen 14. Juli den Sturz der Bastille – in gewissem Sinne und zum Theil sein Werk – mit angesehen hatte, und wurde von den Seinigen in dem Garten dieses Hauses begraben. **»Tandem quiesco«** – Endlich Ruhe – hatte er selbst über seine Gruft schreiben lassen, um auch darin eine letzte Täuschung nach dem Tode zu erleben. Sein Garten und sein Grab sind jetzt eine Straße, nachdem seine Gebeine in der Erde irgend eines pariser Friedhofs vermoderten. Ihn überlebte seine dritte Gattin und eine einzige Tochter, die, an einen Herrn Delarue glücklich verheirathet und 1832 verstorben, das Geschlecht Beaumarchais', aber nicht seinen Namen, in zwei Enkeln und einer Enkelin bis zum heutigen Tage fortgesetzt hat.

Ein Leben wie das in vorstehenden Zügen skizzirte, ist kein »Dichterleben«, ist es weder äußerlich als Stillleben in Blättern und Büchern, noch innerlich in der Selbstbeschränkung, Sammlung und Vertiefung, welche jede Kunst von ihren geborenen und auserwählten Pflegern heischt. Der Geschäfts- und Weltmann bleibt in Beaumarchais dem Schriftsteller von Fach, der Journalist und Pamphletist dem Dichter überlegen. Er selbst sagt, daß er nur zur Erholung – **»par délassement«** – mit Literatur sich beschäftigt habe und hinter der geistigen Bewegung seiner Zeit zurückgeblieben sei, weil das Schriftstellerthum als Lebensberuf einen ganzen Mann erfordre. Das Wort mag mehr bescheiden als wahr, oder auch als ernst gemeint gewesen sein; denn in den wenigen Werken, welche Beaumarchais der Literatur gegeben hat, – sie füllen zwei Bände von sieben der Pariser Gesammtausgabe, – überflügelt er, und das nicht blos im Erfolge, sondern auch in Anlage und Zweck, alle Zeitgenossen. Zusammengehalten gewähren seine Stücke, sechs an der Zahl, allerdings nicht den Eindruck einer fortschreitenden, stätig entwickelten, künstlerisch gezüchteten Dichternatur, wie sie in den Werken Shakespeare's, Moliere's, Schiller's sich offenbart; aber in jedem einzelnen tritt um so schärfer ein kühner, origineller, überall neue Bahnen suchender und findender Geist auf, der sich in einem oder dem anderen Wurf einmal der Bühne zuwendet, wie sonst einem waghalsigen Experiment an der Börse, einer Spekulation zu Land oder Wasser, einer abenteuerlichen Unternehmung im öffentlichen Leben. Das Theater reizte und lockte durch seinen Glanz, seine Unruhe, seine rasche und laute Wirkung die ihm innerlich wahlverwandte Natur Beaumarchais'; Novellen und Romane hat er nie geschrieben, konnte er nicht schreiben, wie er auch keinen guten Vers zu machen im Stande war. Revolutionäre Geister wie er treten auf in ungebundener Rede: Rousseau that es, Lessing, Schiller in seiner ersten Theaterperiode.

Beaumarchais hat im Jahre 1767 auf dem Théâtre-français debütirt mit dem bürgerlichen Schauspiel »Eugenie«, einem Rührstück, das sich zunächst an Diderot's Arbeiten gleichen Stiles **(le Père de Famille, le Fils naturel)** anlehnt. Der erste Wurf gelang über Erwarten, machte Aufsehen; der nächstfolgende (»Die beiden Freunde oder der Lyoner Kaufmann«, 1770 gegeben), ebenfalls ein bürgerliches Schauspiel, dessen Handlung um einen Bankrott sich dreht, mißglückte entschieden. Mit einem kühnen Sprunge geht, fünf Jahre später, der Dichter aus dem empfindsamen

Familiendrama in die lustigste Posse über, vom Schauspiel zur komischen Oper: im »Barbier von Sevilla«, – zuerst mit spanischen Volksweisen für die Oper geschrieben, später als Schauspiel umgearbeitet und in solcher Gestalt 1775 auf dem Théâtre-français erschienen, aber mit der unerhörten Neuerung gesungener Einlagen, – landet Beaumarchais auf seinem eigentlichen Gebiet, dessen Höhe er 1784 in »Figaro's Hochzeit« erreicht. Diesem seinem Meisterwerk, das später näher zu betrachten sein wird, folgt 1787 eine große Oper »Tarare«, von Salieri komponirt, der prophetische Vorläufer heutiger wahnwitziger Operntexte und Ausstattungsstücke mit Dekorationspomp und Ballet-Zugaben; endlich 1792 die Umkehr zum Familiendrama (»Ein zweiter Tartufe, oder die Schuld der Mutter«), worin Figaro, Almaviva, Rosine noch einmal, in veränderter Gestalt, an das Lampenlicht gezogen werden, ohne jedoch ihre früheren Erfolge einzuholen, wenngleich das Stück sich noch vor zehn Jahren dann und wann auf dem Repertoir blicken ließ.

»Figaro's Hochzeit« war um 1780 im Manuskript vollendet und 1781 von dem Théâtre-français zur Aufführung angenommen, gelangte zu dieser aber erst 1784. Drei Jahre hat, – wie Molière's Tartufe, in vieler Beziehung sein Gegenstück, – der gefährliche Barbier Quarantaine halten müssen, in fünf Censurbureaux hinter einander. Nur durch Hintertreppen, Vorzimmer und Modesalons, in denen der Dichter das Stück vorlas, ist dasselbe zur Bühne gekommen; Prinzen von Geblüt, Fürstinnen, Herzöge, Minister haben ihm den Weg gebahnt, ihm, dem gefährlichsten Feinde ihrer Standesinteressen. König Ludwig XVI., der es sich im Beisein der Königin hatte lesen lassen, erklärte es für abscheulich, für unaufführbar, – **»détestable, injouable«.** Sein Auge, von Natur kurzsichtig, erkannte mit tiefem Seherblick und mit dem angeborenen Instinkt, der die Souveräne vor ihren Feinden warnt, in Figaro's Scheermesser das erste, ferne Wetterleuchten der Guillotine. Des Königs Abneigung gewann dem Stück und dem Verfasser Freunde; der Graf von Provence, später Ludwig XVIII., protegirte es, Hofdamen warben um eine Vorlesung, der gesammte hohe Adel intriguirte für die Aufführung, die, mehrere Male angesetzt, immer wieder verboten wurde, einmal kurz vor Beginn der Vorstellung, zu der die Wagen bereits in langer Reihe angefahren waren. Schlau und zäh, verstand Beaumarchais aus jedem Hinderniß eine Reklame für sein Werk zu machen und Schritt vor Schritt, gegen den höchstgebietenden Willen, dessen Weg zu forciren. Hatte er dabei, außer der nächsten Absicht, derjenigen einer endlichen Darstellung, höhere, politische, sociale, revolutionäre Zwecke? Diente diesen, unbewußt oder bewußt, derjenige Theil der französischen Gesellschaft, welcher so bald darauf der Erfüllung solcher Zwecke zum Opfer fallen sollte? Gewiß nicht, Beides nicht! Aus heutiger Ferne gesehen, ist allerdings das furchtbar ernste Lustspiel die Einleitung zu dem Schreckens- und Schauerdrama von 1789, ist dessen sociale, komische Introduktion, wie Chenier's »Karl der Neunte« (1789 erschienen) das politische, pathetische Vorspiel desselben. Beide Dramen sind die Herkulessäulen der Revolution: jenseits liegt ein stilles Binnenmeer, diesseits offene See, deren atlantischer Wellenschlag von der neuen zur alten Welt, und umgekehrt, braust und brandet, nach den tiefen Gesetzen geheimnißvoller Strömungen und Wechselwirkungen. Aber Beaumarchais wollte eine derartige Wirkung seines Stücks so wenig, wie die Gesellschaft wußte, was sie that, indem sie dasselbe förderte. Natürlich, nicht tendenziös zurechtgelegt, stellt das sonderbare Verhältniß folgender Maßen sich dar. Einerseits wollte Beaumarchais eine Komödie über alle Komödien, einen Ausbund von Spaß und Spott, etwas noch nicht Dagewesenes dem Publikum bieten. Andererseits wollte die vornehme Gesellschaft des damaligen Paris, diese sittlich verfaulte, nur den raffinirtesten Genüssen noch zugängliche, alles Glaubens bare Gesellschaft an einem solchen, noch nie dagewesenen Schauspiel sich frivol amüsiren, auf Kosten ihrer selbst, gegen ihres Königs souveränen Willen, der längst nicht mehr souverän war. Diese Gesellschaft ist so tief mit Blindheit geschlagen, daß sie nicht am Vorabend von 1789, geschweige denn fünf volle Jahre früher den Ausbruch des Vulkans ahnt, auf dem sie lebte, tanzte, liebte, spottete. Unsere Generation, welche in rascher Folge die Julitage, die Februartage, die Dezembertage erlebt hat, kann sich aus eigenster Anschauung einen Begriff von der, über alle Berechnung gehenden Plötzlichkeit der größten Katastrophen im Völkerleben machen. Gerade auf den Spitzen der Gesellschaft werden sie am wenigsten geahnt: die Gewitter ballen sich unter ihr, und wenn auf einmal die Blitze von unten nach oben fahren, bald eine Krone vom Haupte, bald ein Haupt vom Rumpfe schlagend, dann sind die meist Getroffenen, oft auch die meist Treffenden die meist Ueberraschten. Unmittelbar vor, ja mitten in der Revolution wußten ihre Führer nicht einmal, wie weit und wohin sie ging; schreibt doch, unter dem 9. Oktober 1787, Lafayette, der auf seinem welthistorischen Schimmel als Vorreiter dreier Revolutionen, diesseits und jenseits der großen Wasser, durch die Geschichte geht, an Washington die merkwürdigen Worte: »Allmählig, ohne große Erschütterung werden wir zu einer unabhängigen Volksvertretung und damit auch zu einer Minderung der königlichen Gewalt gelangen; aber das ist Sache der Zeit und wird um so langsamer vor sich gehen, als die Interessen mächtiger Personen Knüppel in den Weg werfen werden.« Fünf Jahre später war der Thron des heiligen Ludwig umgestürzt, sein Enkel auf dem Schaffot verblutet! Beweis genug, daß das Erdbeben von 1789 nicht blos seine Opfer über Nacht überfiel, wie es denn, als der erste Stoß, allen nachfolgenden an Größe und Schnelligkeit überlegen ist, denen von 1830, 1848, 1851, 18??...

Ebenso natürlich wie das blinde Sicherheitsgefühl der französischen Gesellschaft von 1780 erscheint denn auch der, jede Erwartung überragende Erfolg des Lustspiels. Beaumarchais hatte die Figuren seines Grafen Almaviva, Figaro's, in dem er sich selbst handgreiflich personificirt, Rosinens wieder hervorgesucht, weil er ihnen seinen ersten durchschlagenden Bühnensieg verdankte; möglicher Weise wirkten beide Male Reiseeindrücke aus Madrid, Erinnerungen an die spanischen Saynetes und ihre populäre Lustigkeit, unbewußt bei Wahl des Stoffs, des Terrains, der Personen nach und mit. Aber diese waren inzwischen gewachsen, wie der Dichter selbst in der harten Schule des Lebens. Was im »Barbier von Sevilla« noch flüchtige Anspielung gewesen, ist in »Figaro's Hochzeit« dreister, offener Angriff, mit blanker Waffe. Beaumarchais hat in den dankbaren Stoff allen Sauerteig geknetet, den seine Lehrjahre bei Hofe, seine Händel vor Gericht, seine Kämpfe in der Presse und mit der Censur in ihm als gährenden Niederschlag zurückgelassen. Daher seine Ausfälle für Preßfreiheit, seine tödtlichen Sarkasmen gegen Richter und Advokaten, sein Bastillesturm gegen den Adel und dessen Standesvorrechte, wenn er auch zunächst nur eines derselben, ohnehin ein halb fingirtes, in Wirklichkeit ganz aufgegebenes, als Angriffspunkt hinstellt. Der Kern des Stückes ist socialer Natur, und Danton hat Recht, wenn er, die oben bezeichneten zwei Revolutionsdramen, Figaro's Hochzeit und Karl IX., in einem Schlagwort zusammenfassend, ausruft: »Figaro hat den Adel getödtet, Karl IX. das Königthum.« Schärfer und prägnanter ließ sich allerdings der Kampf gegen den Stand nicht darstellen, ironischer die Emancipation des Bürgerthums nicht plaidiren, als indem der Knecht zum Herrn gemacht wurde. Wenn bisher der Bediente in der Komödie, auch bei Molière, nur eine leidende Rolle gespielt hatte, geprügelt worden war und den Sündenbock der Herrschaft abgeben mußte, so meistert nun Figaro seinen Grafen; jener wird der Held, dieser die Dupe des Stückes. Die Revolution, die sociale, ist fertig.

Bemerke man dabei, mit welcher Feinheit Beaumarchais diese Ur- und Grundtendenz seines Werks versteckt. Auch Shakespeare und Molière haben, jener gegen Puritaner, dieser gegen Tartufe und seines Gleichen, polemisirt; aber sie stumpfen ihre Pfeile geflissentlich ab, der Erstere in Humor sie eintauchend, so daß der Zuhörer nicht recht weiß, ob es dem Dichter Spaß oder Ernst ist, der Letztere die gefährlichste Spitze vergoldend durch ein enthusiastisches Lob auf den souveränen Herrn, Ludwig XIV. Beaumarchais geht weiter als beide; er greift an, auf Tod und Leben, rückt aber, um dem Angriff die Gefahr unmittelbarer Beziehungen zu nehmen, das ganze Kampfspiel in discrete Ferne, so örtliche wie zeitliche. In ähnlicher Absicht verlegte, unstreitig gegen des Dichters ursprüngliche Intention und gegen die Natur des Stückes, Dalberg die »Räuber« aus dem siebenjährigen in den dreißigjährigen Krieg. Beaumarchais schlägt augenscheinlich auf den französischen Adel, aber er schiebt, zur Deckung seiner selbst, einen spanischen Grande vor; es sind französische Sitten oder Unsitten, die er geißelt, aber in spanischem Gewand, Laster seiner Zeit, der allernächsten Gegenwart, nur oberflächlich mit dem altspanischen Mantel verhüllt. Sein Stück ist ein durch und durch modernes, obgleich es aristophanische und plautinische Elemente enthält, und an das italienische, spanische, französische Lustspiel älterer Zeiten sich anschließt; gerade diese wunderbare Mischung ist es, welche dasselbe, bis zum heutigen Tage, lebensfähig erhalten hat, nachdem die Zustände, gegen welche es kämpft, längst überwunden sind. Nicht Komposition, nicht Charakteristik, auch nicht die Sprache machen »Figaro's Hochzeit« klassisch und unsterblich; gegen sie alle lassen sich wohlbegründete Ausstellungen erheben. Was der Verfasser aus seiner Zeit und aus seiner Persönlichkeit hinzugethan hat, – bis auf Don Gusman Brid'oison, worin, sogar dem Namen nach, der Parlamentsrath Götzmann fortlebt: darin lag der Grund des ungeheuern Erfolgs beim Erscheinen des Stückes, darin, – keineswegs in seinem specifischen Gehalt als Kunstwerk, – liegt seine literar- und kulturhistorische Bedeutung.

Das Publikum fand, sobald das Lustspiel auf die Breter trat, die wahre Meinung desselben heraus und machte die Nutzanwendung. Beispiellos war der Beifall, der Eindruck, die Aufregung, so daß Beaumarchais selbst überrascht ausrufen konnte: »Das Tollste am Tollen Tag bleibt sein Erfolg.« Bekannt und als Ereigniß in allen zeitgenössischen Denkwürdigkeiten geschildert ist die erste Aufführung, Dienstag den 27. April 1784 vor sich gegangen. Vom frühesten Morgen an waren die Thüren des Théâtre-français belagert; es mußten Wachen requirirt werden. Die Menge ließ sich auch von diesen nicht zurückhalten: sie sprengte die Eingänge, zerbrach die eisernen Gitter, überfluthete lange vor Beginn der Vorstellung alle Gänge. Die vornehmsten Damen speisten, um sich einen Platz zu sichern, in den Garderoben der Schauspielerinnen. Die Darstellung entsprach den Vorbereitungen, der Erfolg der Darstellung. Achtundsechszig Male, fast unmittelbar auf einander, ging dieselbe über die Breter, nicht blos von ganz Paris, sondern aus den entlegensten Provinzen, von Fremden aus allen Ländern Europa's besucht. In acht Monaten vom 27. April bis Ende 1784 belief sich die Einnahme auf die Summe von 346,197 Livres, wovon nach Abzug aller Kosten der Comédie française ein Gewinn von 293,755 Livres, dem Dichter eine Tantième von 41,499 Livres verblieb. Doch fehlte, neben dem Licht, auch der Schatten für ihn nicht. Seine alten Feinde, durch neue Neider vermehrt, lieferten in den Zeitungen ein boshaftes Nachspiel zu »Figaro's Hochzeit«, indem sie das Stück und den Verfasser mit Kritiken, Epigrammen, Anekdoten jeder Art verfolgten. Beaumarchais replicirte in gleichem Tone, und die Polemik wurde so giftig, daß er zuletzt im »Journal de Paris« leidenschaftlich ausrief: »Nachdem ich, Löwen und Tigern zum Trotz, die Aufführung meines Werks durchgesetzt habe, werde ich über dessen Erfolg mich nicht länger mit nächtlichem Ungeziefer herumbeißen.« Diese »Löwen und Tiger« legten vornehme Gegner und Neider Beaumarchais' bei dem König auf Letzteren aus. Ludwig XVI., ohnehin dem Stück wie dem Dichter abgeneigt, ließ sich durch eine, seiner schwachen Natur nicht ungewohnte Zorneswallung hinreißen und befahl, beim Spiele sitzend, auf eine Karte – es soll Pique-Sieben gewesen sein, wie Arnault **(Souvenirs d'un Sexagénaire)** erzählt, – den Verhaftbefehl mit der Bleifeder schreibend, Beaumarchais sofort in's Gefängniß zu werfen, und zwar in dasjenige für jugendliche Verbrecher, in Saint-Lazare. Beaumarchais, 53 Jahre alt, auf dem Gipfel seines Ruhmes, in einer, nach jeder Seite hin glänzenden Lebensstellung, eingesperrt mit Gassenjungen und Lotterbuben .... Die Verhaftung erfolgte in der Nacht vom 8. zum 9. März 1785. Paris lachte am anderen Morgen über den königlichen Witz gegen den witzigen Dichter; aber der Umschlag der öffentlichen Meinung zu des Letzteren Gunsten ließ nicht auf sich warten. Der König selbst kam zur Besinnung: Beaumarchais wurde entlassen nach einer fünftägigen Haft und erschien im Publikum wieder bei einer der glänzendsten Vorstellungen seines Stückes, welcher alle Minister beiwohnten. Was für ein Beifallsdonner mag in ihre Ohren gegellt haben bei Figaro's Worten: »Wenn man den Geist nicht erniedrigen kann, rächt man sich durch Mißhandlungen an ihm!«

Die weitere Laufbahn des Stückes auf dem Theater und in der Literatur ist bekannt. Es hat, wie seine Mutter, die Revolution, die Reise um die Welt gemacht, freilich nicht ohne den Vorspann der volksthümlichsten aller Künste, nicht ohne Mozart's Musik. Die zwei ewigen Musterbilder komischer Oper, geschaffen von den unsterblichen Meistern deutscher und italienischer Schule, Rossini's »Barbier« und Mozart's »Hochzeit des Figaro«, haben Beaumarchais' Werk so populär gemacht, daß die Fremdenführer in Sevilla die Straße und das Haus zeigen, wo Figaro's Laden gewesen. Eine in allen Stücken und Zügen, auch in dem Namen frei erfundene Figur hat reale Wesenheit erlangt. Das ist der höchste Triumph künstlerischer Schöpferkraft.

Uns erübrigen noch einige Worte über das Verhältniß zwischen dem französischen Original und unserer Übersetzung. Dem Plane der »Bibliothek« gemäß, welche ausländische Klassiker zwar im deutschen Gewande, aber in ihrer ursprünglichen und eigenen Erscheinung vorführen will, haben wir uns in Allem genau an das Vorbild gehalten. Nur eine einzige Besonderheit, die uns störend, nicht fördernd vorkommt, in der Nomenclatur des Stückes ist von uns absichtlich nicht nachgeahmt worden. Die veraltete und geschmacklose Art, Personen durch grob erfundene Eigennamen zu charakterisiren, schickt sich heutigen Tages nicht mehr, so wenig auf dem Theaterzettel wie im Buche. Deshalb haben wir den Don Gusman Brid'oison nicht in Gänsekopf, den Gerichtschreiber Double-Main nicht in Langfinger, den Ziegenhirten Grippe-Soleil nicht in Sonnen- oder Tagedieb übertragen, sondern die Eigennamen lieber weggelassen, um so unbedenklicher, als das Individuum in diesem Fall nichts verschlägt und die einfache Standesbezeichnung genügt, wo der Stand, nicht die Person gezeichnet werden soll. In allem Uebrigen sind wir dem Original treu gefolgt, namentlich auch in der Romanze des Pagen und in den Schlußcouplets.

Daraus folgt, – und wir gestatten uns hier die vielleicht überflüssige, jedes Falls aber ausdrückliche Verwahrung, – daß in der hier vorliegenden Gestalt das Stück zu einer Aufführung auf der deutschen Bühne nicht geeignet ist. Eine Bearbeitung und eine Uebersetzung sind zwei sehr verschiedene, zum Theil sogar entgegengesetzten Zwecken dienende Dinge. Wir haben uns, dem Lustspiel Beaumarchais' gegenüber, in beiden versucht und wünschen, daß unsere Uebersetzung vom lesenden Publikum ebenso freundlich möge aufgenommen werden, wie es unserer Bearbeitung Seitens des Theaterpublikums an mehreren Orten geschehen ist.

Franz Dingelstedt.

Verzeiht dem Stück, des Spaßes wegen,

Den Ernst, auch wenn er Euch mißfiel.
Im Schluß-Couplet.

Graf Almaviva, Groß-Corregidor von Andalusien.

Die Gräfin, seine Gemahlin.

Figaro, Kammerdiener des Grafen und Haushofmeister im Schloß.

Susanne, dessen Verlobte, erste Kammerfrau der Gräfin.

Marzelline, Haushälterin.

Antonio, Schloßgärtner, Susannens Oheim.

Fanchette, dessen Tochter.

Cherubin, erster Page des Grafen.

Bartholo, Arzt in Sevilla.

Basilio, Musikmeister der Gräfin.

Der Friedensrichter des Bezirks.

Der Gerichtsschreiber.

Ein Bauernknabe.

Eine Schäferin.

Pedrillo, des Grafen Reitknecht.

Landleute. Schloßdienerschaft.

Der Schauplatz ist auf dem Schlosse des Grafen, Aguas-Frescas, drei Wegstunden von der Stadt Sevilla.

Erster Aufzug

Die Bühne stellt ein geräumiges, nicht völlig eingerichtetes Zimmer vor. Hausrath steht umher; in der Mitte ein großer Armsessel. Figaro mißt mit einem Zollstabe den Fußboden aus. Susanne versucht vor einem Spiegel den Brautkranz.

Susanne. Figaro.

Figaro. Neunzehn Fuß zu sechsundzwanzig.

Susanne. Sieh nur, Figaro, meinen schönen Brautkranz; steht er mir so besser?

Figaro. Unvergleichlich, mein Schätzchen. Welche Gefühle dieser jungfräuliche Myrthenkranz nebst Brautschleier am Hochzeitsmorgen in der glücklichen Brust des Bräutigams erweckt!

Susanne. Was hattest du denn auszumessen?

Figaro. Ich rechnete aus, ob das große Himmelbett, das der gnädige Herr uns schenkt, hier Platz hat.

Susanne. In diesem Zimmer?

Figaro. Seine Excellenz treten es uns ab.

Susanne. Ich nehme es aber nicht an.

Figaro. Und weßhalb?

Susanne. Weil ich nicht will.

Figaro. Warum?

Susanne. Weil es mir nicht gefällt.

Figaro. Ein hübscher Grund!

Susanne. Bin ich etwa gar Gründe schuldig? Beweisen, daß ich Recht habe, hieße zugeben, ich könne Unrecht haben. Giebst du mir nach, oder nicht?

Figaro. Was in aller Welt kannst du gegen dieses Zimmer einwenden, das für uns das bequemste im ganzen Schlosse sein wird? Hier sind wir mitten zwischen unserer Herrschaft. Nachts, wenn die gnädige Gräfin deiner bedarf, braucht sie nur zu läuten: Kling, ling, ling, – und, husch, husch, in zwei Schritten bist du bei ihr. Befiehlt der gnädige Herr mir etwas, (mit tieferem Tone) kling, ling, ling, so läutet er auf seiner Seite, und, eins, zwei, drei, bin ich an seinem Bett.

Susanne. Vortrefflich! Und wenn nun der gnädige Herr Morgens in aller Frühe läutet – Kling, ling, ling, – und dir einen recht weiten, langen Weg aufträgt, – husch, husch, sind Seine Excellenz an meiner Thür, und eins, zwei, drei an meinem...

Figaro (sie hastig unterbrechend). Susanne, was soll das heißen?

Susanne. Nichts weiter, mein Freund, als daß Seine Excellenz, der Herr Graf Almaviva, unser gnädigster Herr und Gebieter, der Liebeleien und Abenteuer auf dem Lande endlich satt geworden, in Hochdero Schloß zurückzukehren geruhen wollen. Aber nicht zu der Gräfin, seiner Gemahlin, – sondern – zu der deinigen, mein armer Figaro; für welchen Zweck ihm dieses Zimmer ganz außerordentlich gelegen scheint. So wiederholt mir wenigstens alle Tage der ehrliche Basilio, Musikmeister im Schlosse und geheimer Agent in den Privatangelegenheiten Seiner Excellenz.

Figaro. Basilio, o du mein würdiger Busenfreund! Aber, Geduld! Wenn jemals ein gesunder Haselstock einen falschen Katzenbuckel gerade geklopft hat, so wird dieser Buckel der deine und dieser Stock der meinige gewesen sein!

Susanne. Hast du geglaubt, armer Junge, die Mitgift, welche Excellenz mir giebt, wäre der Lohn deiner Verdienste?

Figaro. Ich habe genug für ihn gethan, um dies hoffen zu dürfen.

Susanne. Wie dumm doch manchmal die gescheitesten Leute sind!

Figaro (kleinlaut). Das sagt man allerdings.

Susanne. Aber man glaubt es nicht.

Figaro (noch kleinlauter). Man hat Unrecht.

Susanne. Erfahre denn, daß der Graf mit jener Mitgift ein heimliches Stelldichein sich erkaufen will, ein gewisses gutsherrliches altes Recht...du weißt, wie schrecklich es war.

Figaro. Ob ich das weiß! Hätte der Herr Graf bei seiner Vermählung dies abscheuliche Recht nicht abgeschafft, ich würde dich als seine Unterthanin niemals gefreit haben.

Susanne. Nun bereut er aber, es abgeschafft zu haben, und mit deiner Braut möchte er, ganz im Stillen, es heute wieder einführen.

Figaro (in einen Stuhl sinkend). Ich falle aus den Wolken.

Susanne. Bitte, nur nicht auf den Kopf! Du könntest dir eine Beule schlagen (ihn streichelnd), ein ganz kleines zierliches Hörnlein.

Figaro. Du lachst, Schelmin, während mir der Angstschweiß vor der Stirn steht. (Sich die Stirn reibend.) Hm, hm, hm! Giebt es denn da gar kein Mittel, einen vornehmen Wilddieb, der uns in's Gehege geht, abzufangen und abzustrafen?

Susanne. List und Geld: nun ist Herr Figaro in seinem Element.

Figaro (immer nachsinnend). Gewissensskrupel halten mich nicht ab.

Susanne. Aber die Furcht?

Figaro. Ich scheue keine Gefahr, wenn ich einen Vortheil sehe. Das ist freilich keine Kunst, einen fremden Eindringling in seinem Eigenthum zu erwischen und mit einer Tracht Prügel heimzuschicken. Tausend Narren haben das gethan. Besser...

(Es läutet hinter der Scene.)

Susanne. Horch, meine Gräfin ist wach. Sie hat es mir besonders auf die Seele gebunden, daß ich die Erste sein soll, die sie an meinem Hochzeitstage spricht.

Figaro. Was ist denn nun dabei wieder?

Susanne. Nur ein kleiner Aberglaube. Unser alter Schäfer sagt, mit einer Braut am Hochzeitsmorgen reden, bringt verlassenen Frauen Glück. Ich muß zu ihr. Auf Wiedersehen, mein kleiner, feiner Fi.. Fi.. Figaro. Denk' hübsch nach, wie wir uns aus der Schlinge ziehen.

Figaro (bittend). Ein Küßchen, um meinen Verstand zu erleuchten!

Susanne. Warum nicht gar? Was würde der Herr Gemahl morgen sagen, wenn ich heute dem Herrn Bräutigam das erlaubt?

Figaro (küßt sie). O Susanne, wenn du wüßtest, wie lieb ich dich habe!

(Es läutet noch einmal.)

Susanne (sich losreißend). Erzähle mir das heute Abend. (Im Abgehen ihm eine Kußhand zuwerfend.) Da haben Sie Ihren Kuß wieder; ich will nichts behalten, was Ihnen gehört!

Figaro (ihr nacheilend). Susanne! (Sie entflieht.)

Figaro (allein). Reizendes Geschöpf! Immer heiter, aufgeweckt, voll Witz und Laune! Und dabei brav! (Er geht, sich die Hände reibend, lebhaft umher.) Ah Excellenz, mein hochgnädiger Herr! Sie lassen sich herab, Ihrem gehorsamsten Diener Ehren zuzudenken, von denen er sich im Schlafe nichts träumen ließ. Darum also nehmen Sie Ihren Haushofmeister als Gesandtschaftscourier mit auf Ihren neuen Posten! Drei Beförderungen auf einmal: Sie werden Botschafter, ich Depeschenträger und Suschen eine ganz geheime Hof-, Haus - und Herzensdiplomatin! Vortrefflich! Während ich Courier für Sie reite, – (mit der Zunge klatschend) hopp, hopp, hopp, – fahren Sie mit meiner kleinen Frau, wer weiß wohin? Nicht doch, mein gnädigster Herr, das wäre für uns der Gnade, für Sie des Dienstes zu viel! Den König und mich zugleich in London repräsentiren, seine und meine Geschäfte besorgen, – zu viel, wie gesagt, um die Hälfte zu viel! – Was dich aber angeht, ehrlicher Basilio, du, einst mein würdiger Zögling in allerhand Schelmenstücklein, dir werd' ich zeigen, wie gefährlich es ist, seinen Meister meistern zu wollen. O du elendester aller Musikmeister! Ich werde dich .... Pfui, Figaro, keine Heftigkeit. Verstellung und Behutsamkeit nach allen Seiten! Einen fein hinter den Andern, und Alle durch einander gehetzt! Zuerst gilt es, die Hochzeit beschleunigen, um Excellenz zuvorzukommen; dann Dame Marzelline beseitigen, welche auf den armen Figaro versessen ist, wie der Teufel auf eine arme Seele; ferner Mitgift und Hochzeitsgeschenke einstecken, je mehr, desto bester; vor allem dem Herrn Grafen sein Recht und Meister Basilio sein Unrecht gehörig eintränken ... Arbeit die Hülle und die Fülle!

Dritter Auftritt.

Figaro. Barthola. Marzellino.

Figaro. Sieh da, sieh da, unser dicker Doktor! Der fehlte noch, das Fest vollständig zu machen. (Ihm entgegen.) Herzensdoktorchen, seid willkommen! Gewiß erscheint Ihr im Schlosse von wegen meiner Hochzeit mit Suschen?

Bartholo (verächtlich). Was der Narr sich einbildet!

Figaro. Es wäre wahrhaftig auch zu großmüthig.

Bartholo. Und thöricht obendrein.

Figaro. Wißt Ihr noch, wie ich das Unglück hatte, euere Hochzeit mit Rosinchen, eurer schönen Mündel, zu stören? Besinnt Euch doch!

Bartholo. Habt Ihr uns sonst etwas zu sagen?

Figaro. Ist denn auch für euer Maulthier gehörig Sorge getragen? (Ihm auf den Bauch schlagend.) Seine Last ist doch wahrhaftig zu schwer geworden. Was ihr Aerzte für unbarmherziges Volk seid! Quält die Thiere, als ob sie Menschen wären!

(Läßt ihn lachend stehen.) Dame Marzelline! (Mit tiefer Verbeugung.) Immer wohl auf?

Immer noch entschlossen, Prozeß mit mir zu führen? Streit auf Leben und Tod?

Bartholo. Was meint er damit?

Figaro. Die Alte mag's Euch selbst erzählen!

(Läuft durch die Mitte ab.)

Bartholo. Marzelline.

Bartholo (ihm nachblickend). Immer der alte Schelm. Wenn der nicht bei lebendigem Leibe geschunden wird, stirbt er in dem dicksten Spitzbubenfell, das es jemals gegeben hat.

Marzelline (Bartholo zurückziehend). Nun, sind Sie endlich da, mein ewiger Doktor? Immer ernst und gemessen, mag man ohne Ihre Hülfe sterben, wie man sich einst ohne sie verheiratete, trotz aller Ihrer Vorsichtsmaßregeln.

Bartholo. Immer spitz und bitter! Was macht denn meine Anwesenheit im Schloß so nöthig? Ist dem Herrn Grafen ein Unfall begegnet?

Marzelline. Nicht doch, Doktor.

Bartholo. Oder ist der Gräfin Rosine, meiner treulosen Mündel, mit des Himmels Hülfe etwas zugestoßen?

Marzelline. Sie leidet allerdings.

Bartholo. Eine kleine Erkältung?

Marzelline. Ganz recht, ihres Herrn Gemahls, – gegen sie.

Bartholo (frohlockend). So rächt mich ihr eigener Mann an ihr !

Marzelline. Der Graf ist wunderlich: eifersüchtig auf seine Frau, und doch treulos gegen sie.

Bartholo. Treulos aus Launen, aus Eitelkeit eifersüchtig: die alte Leier der großen Herren!

Marzelline. Zum Exempel: heute verheirathet er unsere Susanne an seinen Figaro; er überhäuft ihn mit Gunstbezeugungen wegen dieser Heirath...

Bartholo. Welche Seine Excellenz nothwendig gemacht haben?

Marzelline. Nicht so ganz, aber welche Seine Excellenz im Stillen mit dem Bräutchen vorausfeiern möchte.

Bartholo. Mit Figaro's Braut? Darüber wird sich mit ihm handeln lassen.

Marzelline. Basilio behauptet das Gegentheil.

Bartholo. Ist der Spitzbube auch da? Das ganze Schloß eine Räuberhöhle! Was zum Henker thut er hier?

Marzelline. So viel Schlimmes wie er kann. Das Schlimmste von Allem ist seine langweilige alte Leidenschaft für mich.

Bartholo. Die hätte ich mir an Ihrer Stelle längst vom Halse geschafft.

Marzelline. Durch welches Mittel?

Bartholo. Durch eine Heirath mit ihm.

Marzelline. Grausamer Spötter! Warum wenden Sie dies Mittel nicht selbst an, gegen mich, um meiner los zu werden? Ist das nicht Ihre Pflicht? Denken Sie Ihrer Versprechungen nicht mehr? Nicht an unseren kleinen Emanuel, die Frucht einer vergessenen Liebe, die uns zum Altar führen sollte?

Bartholo (ungeduldig). Um solche Thorheiten anzuhören, sprengen Sie mich von Sevilla hierher? Woher der plötzliche Rückfall in Ihre alten Ehestandsgelüste?

Marzelline. Es sei! Reden wir nicht mehr davon. Wenn Sie mich denn unter keiner Bedingung zur Frau machen wollen, wie Sie gelobt haben, so helfen Sie mir mindestens zu einem anderen Manne.

Bartholo. Mit tausend Freuden. Wer ist denn aber der von Gott und den Frauen verlassene Sterbliche, den Sie heimführen wollen?

Marzelline. Wer könnte es sein, Doktor, als der schöne, der lustige, der liebenswürdige Figaro?

Bartholo. Der Galgenstrick?

Marzelline. Niemals übellaunig, immer heiter; der Gegenwart lebend, um die Zukunft so wenig sich kümmernd, wie um die Vergangenheit; großmüthig ..

Bartholo. Wie ein Räuberhauptmann.

Marzelline. Nein, wie ein echter Edelmann; kurz ein Engel, – und doch ein Ungeheuer!

Bartholo. Aber seine Susanne?

Marzelline. Sie kriegt ihn nicht, die Heuchlerin, wenn Sie, mein Doktorchen, mir helfen wollen, ein Eheversprechen geltend zu machen, das ich, schwarz auf weiß, von ihm besitze.

Bartholo. Am Tage seiner Hochzeit mit einer Andern?

Marzelline. Dazu ist immer noch Zeit. Wenn ich ein kleines Frauengeheimniß ausplaudern wollte ....

Bartholo (lauernd). Geheimnisse vor einem Leibarzte?

Marzelline. Sie wissen freilich, daß ich vor Ihnen keine habe. Unser Geschlecht ist leidenschaftlich, aber scheu. Auch die abenteuerlustigste Frau hört in ihrem Inneren eine Stimme, die ihr zuruft: Sei schön, so viel du kannst, tugendhaft, so viel du willst, aber vorsichtig, so viel du mußt. Diese Vorsicht, deren Notwendigkeit jede Frau fühlt, wird Susanne auch fühlen, wenn wir sie erschrecken, indem wir die Anträge des Grafen an sie unter die Leute bringen.

Bartholo. Wozu das?

Marzelline. Damit Susanne sich der Schande halber um so gewisser weigern muß. Darüber wird Seine Excellenz verdrießlich werden und meine Einsprache gegen ihre Heirath, wie meine Rechte auf Figaro unterstützen.

Bartholo. Gut berechnet. (Für sich.) Und ich gewinne dabei das Vergnügen, meine alte Haushälterin dem Schelm aufzuhängen, der mich um meine Mündel und obendrein um hundert blanke Thaler gebracht hat.

Marzelline (rasch). Denken Sie sich nur die Lust, Doktor!

Bartholo (rasch). Einen Bösewicht zu bestrafen!

Marzelline (rasch). Zu heirathen, Doktor, ihn zu heirathen.

Bartholo. Marzelline. Susanne.

Susanne (die bei Marzellinen's Worten von links eingetreten, ein Negligéehäubchen der Gräfin mit langen Bändern und ein Damenkleid in der Hand). Ihn zu heirathen? Wen denn? Am Ende gar meinen Figaro?

Marzelline. Warum nicht? Heirathet ihn doch die Mamsell!

Bartholo. Eine echte Frauenlogik! Wir sprachen, schön Suschen, von Figaro's Glück, Sie zu besitzen.

Marzelline. Ohne von dem gnädigen Herrn und seinem gleichen Glück zu sprechen, Mamsell.

Susanne. Immer bitter, Madam! (Mit einem Knix.)

Marzelline (ebenfalls knixend). Dienerin, Mamsell; da ist nichts Bitteres dabei. Muß ein gnädiger Herr das Glück nicht theilen, das er seinen Leuten verschafft?

Susanne. Das er verschafft, Madam?

Marzelline. Ja, verschafft, Mamsell!

Susanne (wie oben). Glücklicher Weise hat Madam ebenso viel Eifersucht als wenig Recht auf Figaro!

Marzelline (wie oben). Mamsell räumt dem Herrn Grafen und dem Herrn Figaro allerdings größere Rechte ein!

Susanne (immer wie oben). Wobei Madam vor Neid bersten möchte!

Marzelline (immer wie oben). Wenn man freilich so hübsch ist wie Mamsell!

Susanne. Immer hübsch genug, um Madam zu ärgern!

Marzelline. So ehrbar obendrein!

Susanne. Die Ehrbarkeit überlaß' ich den alten Weibern!

Marzelline (will auf sie los). Den alten Weibern?!

Bartholo (sie zurückhaltend). Marzelline!

Marzelline. Kommen Sie, Doktor, ich halte mich nicht länger. (Sie rauscht, Bartholo mit sich ziehend, durch die Mitte ab.)

Sechster Auftritt.

Susanne (allein). (Ihr nachrufend.) Viel Glück auf den Weg, Madam! Ich fürchte so wenig Ihre Drohungen wie Ihre Ränke. – Seh einer doch die boshafte, alte Sieben! Weil sie Duenna bei meiner Gräfin gewesen ist und dieser ihre Jugend verdorben hat, glaubt sie das ganze Schloß hofmeistern zu dürfen. (Sie wirft das Kleid auf einen Tisch.) Hab' ich mich doch über sie geärgert, daß ich nicht mehr weiß, was ich hier suchen wollte.

Susanne. Cherubin.

Cherubin (den Kopf durch die Mittelthür hereinsteckend, dann hastig vorkommend). Endlich allein! Seit zwei Stunden pass' ich auf den Augenblick, Suschen ohne Zeugen zu finden. Ach Susanne, was für ein Unglück: Du heirathest und ich muß fort!

Susanne. Wie hängt denn meine Hochzeit und des Herrn Pagen Abreise zusammen?

Cherubin (kläglich). Susanne, der Herr Graf jagt mich weg!

Susanne (seinen kläglichen Ton nachahmend). Cherubin, der Herr Page wird wieder einmal einen dummen Streich gemacht haben.

Cherubin. Gestern fand er mich bei deiner Muhme Fanchette, der ich ihr Verschen zu der heutigen Festlichkeit abhörte. Da gerieth er in einen Zorn! Hinaus, schrie er, du kleiner .... Ich mag vor einer Dame das grobe Wort gar nicht wiederholen, womit Seine Excellenz mich regalirte. Morgen Abend, sagte er, hast du das Schloß geräumt, oder .... Wenn meine gütige, schöne Pathin, die Frau Gräfin, ihn nicht besänftigt, so ist's um mich geschehen. Susanne, ich muß fort, kann dich nie wiedersehen.

Susanne. Mich? Bin denn jetzt ich an der Reihe? Als ob man nicht wüßte, daß der junge Herr im Stillen für meine Gebieterin brennt!

Cherubin. O Susanne, wie edel und schön sie ist, aber auch wie erhaben!

Susanne. Das heißt, ich bin das nicht, und bei mir kann man schon etwas wagen.

Cherubin. Du weißt nur zu gut, Schelmin, daß ich nicht wage zu wagen. Aber du bist glücklich, sie jeden Augenblick sehen und sprechen zu können, Morgens sie anzukleiden, Abends auszuziehen, Nadel für Nadel ... O Susanne, ich gäbe ... Aber, was hältst du denn da in der Hand?

Susanne (spottend). Himmel, das glückliche Häubchen und das beneidenswerthe Band, welche Nachts das Haar der schönen Frau Pathe einschließen.

Cherubin (lebhaft). Ihr Nachthäubchen? Gieb es mir, mein Herz! (Er greift darnach.)

Susanne (zurückziehend). Warum nicht gar, sein Herz! Welche Vertraulichkeit! Wenn es nicht ein kleiner Taugenichts ohne Gefahr wäre .. (Cherubin entreißt ihr das Band.) Ach, das Band!

Cherubin (um den Lehnsessel herumlaufend). Sage, du hast es verloren, verdorben. Sag', was du willst.

Susanne (ihm nachlaufend). In drei oder vier Jahren wirst du der größte kleine Schelm sein, das prophezeie ich. Giebst du das Band heraus? (Sie hascht darnach.)

Cherubin (ein Notenblatt aus der Tasche ziehend). Laß es mir, Suschen; ich gebe dir meine Romanze dafür. Während das Andenken an deine schöne Gebieterin mich immer traurig macht, wird dein Bild den einzigen Sonnenblick in mein Herz werfen und es erheitern.

Susanne. Dein Herz erheitern, junger Taugenichts? Du glaubst wohl, mit deiner Fanchette zu sprechen? Bei ihr überrascht man dich; für meine Gräfin schwärmst du, und mir machst du obendrein auch den Hof.

Cherubin (außer sich). Auf Ehre, es ist wahr: ich weiß nicht mehr, was ich bin. Seit einiger Zeit fühl' ich mich so aufgeregt: mein Herz zittert bei dem bloßen Anblick einer Frau; die Worte »Liebe, Zärtlichkeit« verwirren mich. Einem Wesen sagen zu können: »Ich liebe dich«, das ist für mich so nothwendig geworden, daß ich es allein ausrufe, wenn ich im Park umherirre, deiner Gebieterin zurufe, dir, den Bäumen, den Wolken, dem Winde, der den verlorenen Seufzer entführt. Gestern begegnete ich Marzellinen.

Susanne (lachend). Hahaha, auch sie?!

Cherubin. Warum nicht? Sie ist ein Weib, ein Mädchen! Weib, Mädchen! welche süße Namen, wie entzücken sie!

Susanne. Er wird rasend.

Cherubin. Fanchette ist sanft; sie hört mich wenigstens; du nicht.

Susanne. Das fehlte auch noch, den Herrn anhören; mein Band will ich. (Sie hascht darnach.)

Cherubin (ihr entwischend). Nichts da! Nur mit meinem Leben entreißest du es mir. Aber wenn die Romanze nicht Preis genug dafür ist, gebe ich tausend Küsse zu. (Er verfolgt sie.)

Susanne. Tausend Nasenstüber, wenn du es wagst. Ich werd' es meiner Gräfin klagen; nein, besser noch, dem Grafen selbst. Er hat vollkommen Recht, daß er den Taugenichts fortjagt, der seiner Gemahlin den Hof macht, Fanchetten Verse einstudirt und mir Bänder und Küsse stiehlt.

Cherubin (den Grafen eintreten sehend). Himmel, ich bin verloren! (Flüchtet hinter den Lehnstuhl.)

Susanne (gewahrt erst jetzt den Grafen und tritt vor den Stuhl, um den Pagen zu verstecken.) Der Herr Graf!

Susanne. Graf. Cherubin.

Graf (vorsichtig eintretend). So verlegen, Susanne? du sprichst mit dir selbst, du erröthest. Freilich, eine Braut am Hochzeitstage...

Susanne (verwirrt). Was steht zu Euer Excellenz Befehl? Wenn man den gnädigen Herrn bei mir fände!

Graf. Wäre mir selbst nichts weniger als erwünscht. Doch ich muß dir einmal sagen, welch lebhaften Antheil ich an deinem Glück nehme. Basilio hat dir meine Empfindungen für dich mitgetheilt. Mir bleibt kaum ein ungestörter Augenblick, um dir meine guten Absichten auseinander zu setzen. Höre! (Er setzt sich in den Lehnstuhl.)

Susanne (hastig). Ich höre nicht zu.

Graf (ihre Hand ergreifend). Ein paar Worte. Du weißt, der König hat mich zu seinem Botschafter in London ernannt. Ich nehme Figaro mit, gebe ihm die einträgliche Stelle eines Gesandtschaftscouriers. Nun ist es doch die Pflicht der Frau, ihrem Manne zu folgen.

Susanne. Daß ich reden dürfte!

Graf (sie näher an sich ziehend). Rede, mein Kind, rede! Nimm dir heute ein Recht über mich, das dir für's Leben gehören soll.

Susanne (erschrocken). Ich will keines, gnädiger Herr; ich bitte, verlassen Sie mich.

Graf. Vorher sprich!

Susanne. Wohlan! Als der gnädige Herr seine Gemahlin dem Doktor Bartholo entführte und aus Liebe heirathete, als er, ihr zu Ehren, ein gewisses abscheuliches Recht des Herrn abschaffte...

Graf (lachend). Das den jungen Mädchen viel Kummer machte. O Suschen, dies reizende Recht. Wenn du mit mir heute in der Dämmerstunde im Park darüber plaudern wolltest, wie hoch wollte ich diese kleine Gunst bezahlen!

Basilio (von draußen). Ich finde ihn nirgends, Excellenz!

Graf (aufstehend). Basilio's Stimme!

Susanne. Wenn er hierher käme!

Graf. So gehe hinaus, ihm entgegen!

Susanne (verwirrt). Darf ich den Herrn Grafen allein hier lassen?

Basilio (noch hinter der Scene, näher). Ich habe aber doch Seine Excellenz von der Frau Gräfin weg hierher gehen sehen!

Graf. Nirgends ein Versteck? (Sich umsehend.) Hinter dem Lehnstuhl! (Hinter dem Stuhl sich verbergend, während der Page auf der andern Seite hervorschlüpft und sich im Stuhl niederduckt.) Verwünscht unbequem! Schick' ihn nur bald wieder fort!

Susanne (das früher mitgebrachte Kleid vom Tisch nehmend und hastig über den Pagen breitend). Was für ein Tag! Als wär's mein letzter!

Neunter Auftritt.

Graf. Cherubin (beide versteckt). Susanne. Vasilio.

Basilio (durch die Mitte hereinschleichend). Auch hier ist er nicht!

Susanne. Wer nicht? Wen sucht man bei mir in so unziemlicher Weise?

Basilio (immer umherspürend). Wen sollte man bei einer Braut anders suchen als den Bräutigam?

Susanne. Und wer könnte bei einem Mädchen so keck eintreten, als Herr Basilio?

Basilio (wie oben). Zwar der gnädige Herr Graf möchten ebenfalls hier zu finden sein, und am Ende nicht minder ein gewisser Page.

Susanne (verlegen). Don Cherubin?

Basilio (nachspottend). Der liebe, leibhaftige Cherubin, der auf seinen Engelsfittigen Fräulein Susanne vom frühen Morgen bis in den späten Abend umflattert, he?

Susanne. Das ist gelogen, boshafter Mensch!

Basilio. Hab' ich ihn nicht unlängst noch an dieser Thür patrouilliren sehen? Oder hätte das vielleicht unserem Susannchen gar nicht gegolten?

Susanne (hastig). Wem anders als mir?

Basilio. Zuletzt war es wohl gar ein zarter Auftrag, ein Brieflein an die gnädige Gräfin, die er ja bei Tafel mit den Augen förmlich verschlingen soll! Daß er sich nur in Acht nimmt vor dem gnädigen Herrn; Excellenz sind einigermaßen kitzlich in diesem Punkte!

Susanne (zornig). Und Meister Basilio einigermaßen niederträchtig, einen jungen Menschen zu verleumden, der ohnehin bei seinem Herrn in Ungnade gefallen ist!

Basilio. Hab' ich das Gerücht erfunden? Das ganze Schloß spricht davon, die halbe Stadt.

Graf (hervortretend). Die Stadt spricht davon?

Susanne. Nun ist's aus!

Basilio (schadenfroh). Der Herr Graf!

Graf. Basilio, man soll den Pagen suchen, festhalten, fortjagen.

Basilio. Wie bedaure ich, hier eingetreten zu sein und gestört zu haben!

Susanne. Auch das noch!

Graf (zu Basilio). Sie wird ohnmächtig. Rasch, den Lehnstuhl.

Susanne (Basilio zurückdrängend). Ich setze mich nicht. Pfui der Schande, ein armes Mädchen so zu überfallen!

Graf. Wir sind zu zwei, mein Kind, also hat's keine Gefahr für dich.

Basilio. Hätt' ich gewußt, daß der gnädige Herr mich hörten, nie würde ich dem armen Pagen nachgeredet haben. Ich that es nur, um Susannchens Gefühle zu erforschen.

Graf. Er soll zurück zu seinen Anverwandten, reichlich beschenkt, aber entlassen, ohne Gnade.

Basilio. Excellenz, wegen eines Stadtgeschwätzes?

Graf. Ein Taugenichts ist er, den ich gestern erst bei der Tochter des Gärtners ertappte.

Basilio (immer hämisch). Bei Fanchette? Ei, ei!

Graf. Er war versteckt in ihrer Kammer.

Susanne. Wo Excellenz auch Geschäfte hatten?

Graf. Sieh doch, eifersüchtig!

Basilio. Ein vortreffliches Zeichen!

Graf (zu Susannen). Ich suchte deinen Oheim Antonio, meinen Trunkenbold von Gärtner, um ihm Befehle für deinen Hochzeitsstrauß zu geben. Ich klopfe; man öffnet mir lange nicht. Endlich kommt deine Muhme Fanchette, verwirrt und verlegen. Dies macht mich aufmerksam. Ich plaudre mit ihr, sehe mich um, suche. Hinter der Thür hing eine Gardine, oder war's ein Kleiderstock mit Tüchern drüber, – kurz, ein verdächtiges Stück Möbel. Ich, ohne mir etwas merken zu lassen, geh' sachte, sachte drauf zu, hebe behutsam den Vorhang auf (Pantomime, die Erzählung begleitend) und erblicke – (hier hebt der Graf den Vorhang auf und gewahrt den Pagen). Ha, was ist das?

Basilio. Der Herr Page! Ei, ei!

Graf. Heute noch besser, wie gestern!

Basilio. Heute am allerbesten!

Graf (zu Susannen). Und Sie, Mademoiselle, schämen sich nicht, als Braut dergleichen Abenteuer zu bestehen? Um meinen Pagen zu empfangen, wollten Sie allein sein? (Zu Cherubin.) Du aber, unverbesserlicher Bösewicht, unterstehst dich, der Kammerjungfer deiner Herrin und Pathin nachzustellen, der Braut des Mannes, den du Freund nennst? Nichts da! Ich werde nicht dulden, daß Figaro, ein Diener, den ich schätze, dem ich Schutz schuldig bin, das Opfer solcher Betrügereien wird.

Susanne. Weder Betrug, noch Opfer! Der Page war schon hier, als Excellenz eintraten.

Graf. Wehe ihm, wenn du die Wahrheit sprichst!

Susanne. Er bat mich um ein Fürwort der gnädigen Gräfin bei Excellenz. Ihre Ankunft erschreckte ihn so, daß er zu dem Lehnstuhl seine Zuflucht nahm.

Graf. Gelogen! Als ich eintrat, setzte ich mich in demselben Lehnstuhl nieder.

Cherubin (ängstlich). Ach, gnädiger Herr, ich steckte dahinter.

Graf. Noch einmal gelogen! Dahinter steckt' ich selbst.

Cherubin. Da macht' ich Platz und schlüpfte hinauf!

Graf. Eidechse, Schlange! So hast du gehorcht?

Cherubin. Nicht doch, gnädiger Herr! Ich hielt mir beide Augen zu, um nichts zu hören.

Graf. Lügen über Lügen. (Zu Susanne.) Aus deiner Heirath mit Figaro wird nichts.

Basilio. Fassung, gnädiger Herr, man kommt.

Graf (den Pagen aus dem Lehnstuhl herabziehend). Ob du heruntergehst? Der Schlingel bliebe bis zum jüngsten Tage da droben hocken!

Zehnter Auftritt.

Vorige. (Durch die Mitte) Gräfin, Figaro. (Hinter ihnen, allmählig und schüchtern eintretend) Schloßdienerschaft und Landleute, unter diesen Fanchette.

Figaro (einen Brautkranz mit langem Schleier in der Hand tragend, zu der Gräfin, welcher er die Thüre öffnet). Nur die gnädige Frau Gräfin können uns bei Sr. Excellenz dem Herrn Grafen diese außerordentliche Gunst auswirken.

Gräfin (unsicher, zum Grafen). Sie sehen, mein Gemahl, daß die guten Leute mir einen Einfluß bei Ihnen zuschreiben, den ich freilich nicht besitze. Indeß ist ihr Anliegen an Sie nicht unbillig.

Graf (seine Verlegenheit hinter gezwungener Artigkeit gegen die Gräfin versteckend). Ihr Fürwort, Gräfin, könnte auch Unbilliges möglich machen.

Figaro (zu Susannen, leise). Hilf mir!

Susanne (leise, zu Figaro). Alles vergebens!

Figaro (wie oben). Frisch gewagt!

Graf (zu Figaro). Was verlangt man von mir?

Figaro (mit tiefer Verbeugung vortretend, währende Landleute und Dienerschaft einen Halbkreis bilden, in officiellem Festrednerton). Gnädigster Herr und Gebieter! Nachdem Euer Excellenz als Liebesopfer für Hochdero Frau Gemahlin ein gewisses grundherrliches Vorrecht abzuschaffen geruht haben...

Graf (ärgerlich einfallend). Nun, da es denn einmal abgeschafft ist, warum immer wieder davon anfangen?

Figaro (mit Ironie fortfahrend). ...so ist es an der Zeit, daß die Tugend eines so gütigen Herrn öffentlich gefeiert werde. Mir kommt sie am heutigen Tage so sehr zu statten, daß ich, als der Erste, bei meiner Hochzeit sie zu verherrlichen wünsche.

Graf (verwirrt). Du beschämst mich, Freund. Die Abschaffung eines schmachvollen Vorrechts ist nur eine Pflichterfüllung gegen die gute Sitte. Ein Spanier kann um die Schönheit werben, aber ihre Gunst nicht wie einen Sklavendienst erzwingen wollen. Dies ist die Tyrannei eines Vandalen, nicht das gute Recht des castilischen Edelmannes.

Figaro (Susannen dem Grafen vorführend). Möge denn diese, meine verlobte Braut, den jungfräulichen Schleier nebst Kranz, das Sinnbild von Euer Excellenz reiner menschenfreundlicher Gesinnung, aus den Händen ihres gnädigen Herren zu empfangen das Glück haben, und jedwede Hochzeit bei Euer Excellenz Unterthanen in derselben Weise feierlich begangen werden. (Winkt den Umstehenden.)

Alle. Bitte, gnädiger Herr!

Susanne (zu dem Grafen, der den von Figaro dargebotenen Kranz zu nehmen zögert). Excellenz, warum einer Huldigung ausweichen, die Ihnen in jeder Beziehung so wohl ansteht?

Graf (bei Seite). O die Falsche!

Figaro. Betrachten Sie sie nur, gnädiger Herr. Niemals wird eine schönere Braut die ganze Größe Ihres Opfers besser offenbaren.

Susanne. Nichts von meiner Schönheit; reden wir nur von unseres gnädigen Herren Tugend.

Graf (für sich). Sie spotten meiner.

Gräfin (dem Grafen näher tretend). Auch ich lege mein Fürwort ein; diese Festlichkeit wird mir eine stäte Erinnerung sein an die glückliche Zeit Ihrer Liebe zu mir.

Graf. Zum Zeichen, daß sie nicht geschwunden ist, willige ich ein.

Figaro. Unser gnädiger Herr soll leben!

Alle. Vivat hoch!

Graf (für sich). Ich bin gefangen. (Laut.) Damit aber die festliche Handlung gehörig vorbereitet werde, verschiebe ich sie bis später; (für sich) jetzt rasch nach Marzellinen geschickt!

Figaro (zum Pagen, der traurig zur Seite gestanden). Nun, Windbeutel, du freust dich nicht mit?

Susanne. Der Aermste ist in Verzweiflung, weil ihn der gnädige Herr fortjagt.

Gräfin. Gnade für ihn, mein Gemahl!

Graf. Er verdient sie nicht.

Gräfin. Er ist noch so jung.

Graf. Aelter, als Sie glauben.

Cherubin (zum Grafen ängstlich, zugleich schelmisch). Gnädigster Herr, wenn ich leichtsinnig gewesen bin, so soll die strengste Verschwiegenheit über Alles...

Graf (rasch einfallend, mit Verlegenheit). Schon gut, schon gut!

Figaro. Was hast denn du zu verschweigen?

Graf (wie oben). Genug, sage ich. Jedermann bittet für ihn. So sei er denn begnadigt. Mehr als das. Ich verleihe ihm eine Fähndrichsstelle in meinem Regiment.

Alle. Vivat hoch!

Graf (laut). Jedoch füge ich die Bedingung hinzu, daß er heute noch nach seiner Garnison in Catalonien abgeht.

Figaro (bittend). Morgen, Excellenz, morgen!

Graf (befehlend). Heute!

Cherubin (militärisch grüßend). Ich gehorche.

Graf. Nimm hier sogleich Abschied von deiner Pathin; ihr verdankst du deine Beförderung.

Cherubin (geht zur Gräfin, will reden, vermag es nicht, beugt ein Knie vor ihr).

Gräfin (mit gerührter Stimme). Geh denn, mein Kind, wenn man dich nicht einmal heute noch hier behalten will. Ein neuer Beruf erwartet dich; folge ihm in Ehren. Bleibe deines Wohlthäters eingedenk und dieses Hauses, das deine zarte Jugend schirmte. Sei gehorsam, wacker, tüchtig. Wir werden deine Laufbahn mit Theilnahme begleiten. (Cherubin erhebt sich und geht an seinen Platz mit freudestrahlenden Augen zurück, von Figaro und Susanne beglückwünscht.)

Graf (leise zur Gräfin). So bewegt, Gräfin?

Gräfin (halblaut). Ich leugne es nicht. Welche Zukunft kann dem Kinde in dem rauhen Kriegerstande beschieden sein? Zudem, Verwandte haben mir ihn empfohlen, ich bin seine Pathin.

Graf (bei Seite, einen Blick mit Basilio wechselnd, der während der ganzen Scene ihn beobachtet und gelegentlich ihm einen Wink gegeben). Basilio hatte Recht. (Laut.) Junger Held, umarme zum Abschied auch Susannen; (Figaro neckend) es ist zum letzten Male.

Figaro. Warum, gnädiger Herr? Wird er doch seine Winterquartiere bei uns aufschlagen. Komm lieber in meine Arme, zukünftiger Feldmarschall. (Umarmung.) Ja, ja, mein Söhnchen, nun ist's vorbei mit dem leichtfertigen Pagenthum, vorbei mit den Streifzügen in die Frauengemächer, mit Kuchen und Früchten vom Nachtisch, Blindekuh im Grünen und Pfänderspielen am Kamin. Jetzt geht der Dienst an, der saure, eiserne Dienst. Alle Wetter! Ich seh' dich schon als sonnverbrannten Vaterlandsvertheidiger, auf der Schulter eine schwere Muskete, den Säbel an der Seite, rechts um, links um machen; geschwinder Schritt, marsch! (Ahmt die Trommel nach und marschirt mit Cherubin umher.) Vorwärts also zum Siege, zum Ruhme; wanke nicht unterwegs; wenn nicht eine zufällige Musketenkugel...

Susanne. Wie entsetzlich!

Gräfin. Welche Prophezeiung!

Graf. Wo nur Marzelline bleibt?

Fanchette (sich hastig, mit einem Knix, hervordrängend). Gnädiger Herr, die ist in's Dorf gegangen, mit dem dicken Doktor aus der Stadt.

Graf. Bartholo hier?

Fanchette. Sie sah erhitzt aus und böse, und sprach ganz laut, und focht mit den Armen, so, und der Herr Doktor hatte zu thun, sie zur Ruh' zu bringen, und meinen Vetter Figaro nannten sie mehrere Male.

Graf. Vetter? Noch nicht!

Fanchette (halblaut zum Grafen, auf Cherubin deutend). Gnädiger Herr, sind Sie noch böse von wegen gestern?

Graf (hastig einfallend). Nicht doch. Geh' nur! (Fanchette zieht sich knixend zurück.)

Figaro. Ein wahres Glück, daß Marzelline fern ist. Sie würde unser Fest gestört haben.

Graf (für sich). Nur Geduld, sie wird es stören. (Laut, der Gräfin seinen Arm bietend.) Gehen wir, Gräfin. Basilio erwarte ich bei mir. (Geht mit der Gräfin durch die Mitte ab, Alle folgen, nach tiefen Verbeugungen Susanne noch einmal umkehrend.)

Susanne (den Grafen kopirend). Figaro erwarte ich bei mir.

Figaro (sie hinausgeleitend). Siehst du? Doch durchgesetzt!

Susanne (abgehend). Tausendkünstler!

Eilfter Auftritt.

Cherubin. Figaro. Basilio.

Figaro. Nun, Freunde, da die Festlichkeit genehmigt ist, müssen wir uns über unser Festspiel von heute Abend einigen. Gleichen wir nicht den Schauspielern, die nie schlechter agiren, als wenn die Kritik am wachsamsten ist. Lernen wir unsere heutigen Rollen gut.

Basilio (boshaft anspielend). Die meinige ist schwerer, als Ihr glaubt!

Figaro. Und dankbarer, als Ihr wißt. (Prügelpantomime hinter Basilio's Rücken.) Ihr ahnt nicht, was es für einen Applaus regnen wird.

Cherubin (traurig). Ich muß ja fort, vor Abend noch.

Figaro. Und möchtest bleiben?

Cherubin. Ob ich es möchte!

Figaro. Da heißt es Verstellung. Gegen die Order kein Murren. Wirf dich in Reisekleider, pack' deinen Mantelsack, recht geräuschvoll. Dein Pferd muß im Schloßhofe stehen. Kurzer Galopp bis zur Landstraße; dort steigst du ab, kehrst zu Fuß durch den Park zurück. Komm nur dem gnädigen Herrn nicht unter die Augen, so wird er dich abmarschirt glauben, und ich übernehme es, nach dem Fest ihn zu beschwichtigen.

Cherubin. Aber Fanchette weiß ja ihr Verschen noch nicht auswendig.

Basilio. Was hat ihr denn aber der junge Mann einstudirt in den acht Tagen, daß er mit ihr lernt?

Figaro. Du hast heute nichts zu thun, Basilio; gieb ihr aus Gnaden eine Lektion.

Basilio (zum Pagen). Nehmt Euch in Acht, junger Herr. Der Papa Antonio ist unzufrieden und hat sein Töchterchen geprügelt. Sie lernt nicht bei Euch. Cherubin, Cherubin, Ihr werdet ihr Verdruß machen. Der Krug geht so lange zu Wasser...

Figaro. Da kommt unser alter Narr wieder mit seinen abgenutzten Sprichwörtern. Was sagt die Weisheit der Völker, Schulmeister? Der Krug geht so lange zu Wasser, bis...

Basilio. Bis er voll ist,

Figaro (im Abgehen). Gar nicht übel, wahrlich, nicht übel!

(Der Vorhang fällt.)

Zweiter Aufzug.

Schauplatz: Das Schlafzimmer der Gräfin. Im Hintergrunde, in einem Alkoven, ein Himmelbett. Daneben eine Thür, in die Gemächer der weiblichen Dienerschaft führend. Im Vordergrunde links ein Fenster, rechts eine Thür in die Garderobe der Gräfin. Der Haupteingang links.

Erster Auftritt.

Gräfin. Susanne.

Gräfin (auf der Chaise-Longue liegend). Schließ die Thür, Susanne, und erzähle mir Alles, ganz genau.

Susanne (neben der Gräfin stehend). Ich habe der gnädigen Gräfin Alles berichtet.

Gräfin. Also förmliche Anträge hat dir mein Gemahl gemacht?

Susanne. Anbote, wie sie ein vornehmer Herr einer Dienerin zu machen pflegt.

Gräfin. In Gegenwart des kleinen Pagen?

Susanne. Der war hinter den Lehnstuhl versteckt. (Die Gräfin sieht sie argwöhnisch an.) Er kam nur, um meine Fürbitte bei der gnädigen Gräfin anzusprechen.

Gräfin. Warum bat er nicht mich selbst? Würde ich ihn abgewiesen haben?

Susanne. Das sagt' ich auch. Aber der Schmerz, die gnädige Gräfin verlassen zu müssen, hatte den armen Jungen ganz verwirrt gemacht. (Den Pagen nachahmend, pathetisch:) Ach Susanne, wie reizend ist sie, wie himmlisch; aber auch so vornehm, so erhaben!

Gräfin. Sehe ich so aus, Susanne? Ich, seine treue Beschützerin!

Susanne. Zufällig hielt ich eine Nachthaube der gnädigen Gräfin in der Hand. Er fiel darüber her, riß das Band herunter...

Gräfin (lächelnd). Mein Band? Wie kindisch!

Susanne. Und da ich es ihm wieder abnehmen wollte, vertheidigte er seinen Raub wie ein Löwe. Hätten gnädige Gräfin nur gesehen, wie seine Augen funkelten, wie er mir um den Hals fiel, mich küssen wollte ..

Gräfin. Dich, Susanne?

Susanne. Nun ja doch, aus lauter Respekt vor der gnädigen Frau Pathin, weil er den Saum Ihres Kleides nicht einmal zu küssen wagt.

Gräfin. Thorheit, Thorheit ... Sprechen wir lieber – (seufzend) vom Grafen. Was sagte er dir zuletzt?

Susanne. Er würde auf Marzellinens Seite treten, wenn ich nicht nachgäbe.

Gräfin (aufstehend, umhergehend, den Fächer von der Toilette nehmend, sich fächelnd). Er liebt mich nicht mehr.

Susanne. Woher aber dann seine Eifersucht?

Gräfin. Gatten-Eitelkeit, nichts weiter. Ach, ich habe ihn zu sehr geliebt, ihn ermüdet durch meine Zärtlichkeit, meine Treue. Das ist mein einziges Unrecht gegen ihn. Doch soll dir dein offenes Geständniß nicht schaden. Du sollst deinen Figaro haben. Nur muß er dazu behülflich sein. Er allein vermag es. Wird er kommen?

Susanne. Sobald der gnädige Herr fort ist auf die Jagd.

Gräfin (Fächerspiel, wie oben). Oeffne das Fenster! Es ist eine Hitze hier, zum Ersticken.

Susanne (das Fenster links aufmachend). Gnädige Gräfin regen sich durch Reden und Umhergehen auf (hinausschauend). Sieh da, Excellenz reiten eben die Allee hinunter. Pedrillo hinterdrein. Zwei, drei, vier Hühnerhunde.

Gräfin. So haben wir Zeit zu überlegen. (Sie setzt sich wieder.) Hat's da nicht geklopft?

Susanne (zum Haupteingang links eilend). Das ist Figaro, mein Figaro!

Vorige. Figaro.

Susanne. Nur herein, mein Freund! Gnädige Gräfin werden ungeduldig!

Figaro. Und Suschen nicht? Frau Gräfin haben in der That keinen Grund, sich zu beunruhigen. Es handelt sich um eine Kleinigkeit. Der Herr Graf findet Gefallen an meinem Bräutchen; ihr zu Liebe werde ich Gesandtschaftscourier, Suschen ganz geheime Gesandtschaftsräthin. Suschen lehnt ab. Deswegen geht Excellenz zum Feinde über, begünstigt Dame Marzellinens Absichten auf meine geringe Person. Alles dies ist sehr einfach; Jedermann macht es so, daß er sich an den Gegnern seiner Absichten durch Zerstörung der ihrigen rächt. Weiter ist es nichts.

Gräfin. Figaro, kann man so leichtfertig mit unser Aller Unglück spielen?

Susanne. Statt mit uns betrübt zu sein....

Figaro (heiter einfallend). Das würde uns viel nützen! Nicht doch, ich lerne vom Gegner. Mit seiner eigenen Taktik bekämpfen wir ihn: er macht Einfälle auf unser Gebiet; beunruhigen wir ihn auf dem seinigen!

Gräfin. Wie wäre das anzufangen?

Figaro. Ist bereits geschehen. Man hat ihm einen falschen Verdacht gegen die Frau Gräfin beigebracht.

Gräfin. Gegen mich? Du hast dich unterstanden? Bei seiner bekannten Eifersucht!

Figaro. Um so besser. Um Herren seiner Art zu behandeln, muß man nur ihr Blut ein wenig in Wallung bringen; das verstehen die Frauen so vortrefflich. Hat man ihnen den Kopf brav heiß gemacht, so führt man sie am Fädchen der kleinsten Intrigue wohin man will, an der Nase umher, in den Guadalquivir. Freund Basilio hat ihm ein anonymes Brieflein zugesteckt, des Inhalts, daß bei dem heutigen Fest ein Anbeter der Frau Gräfin nahen würde...

Gräfin. Welch leichtfertiges Spiel mit der Ehre einer Frau von Stande!

Figaro. Bei neunundneunzig unter Hunderten würde ich es freilich nicht wagen, aus Furcht, mit meiner Lüge die Wahrheit zu sagen.

Gräfin. Das soll wohl gar ein Compliment sein, für das ich mich zu bedanken habe?

Figaro. Gab es ein anderes, ein besseres Mittel, um den gnädigen Herrn von Susannen abzubringen, als indem ich ihn zur Frau Gräfin zurückführte? Nun spürt und schwärmt er bereits unruhig umher, einstweilen auf der Fährte eines armseligen Häsleins. Darüber vergeht die Zeit; unsere Hochzeitsstunde rückt heran, und der Herr Graf wird nicht wagen, in Gegenwart der Frau Gräfin Widerstand zu leisten.

Susanne. Desto gewisser wird das Marzelline thun.

Figaro. Brrr! Daraus mache ich mir nicht so viel, meiner Treu! Du lassest Seiner Excellenz sagen, du werdest dich gegen Abend im Park einfinden.

Susanne. Ein sauberes Auskunftsmittel.

Figaro. Höre, mein Kind, die Leute, die nichts für etwas thun wollen, kommen zu nichts und taugen zu nichts. Das ist mein Grundsatz.

Susanne. Ein schöner Grundsatz.

Gräfin. Wie sein Vorschlag. Unmöglich kann es dein Ernst sein, Susannen in den Park gehen zu lassen.

Figaro. Sie gewiß nicht. Wir stecken Jemand Anderes in Susannens Kleider, überraschen Seine Excellenz bei dem Stelldichein und zwingen ihn nachzugeben.

Susanne. Wer soll mich vertreten?

Figaro. Cherubin.

Gräfin. Der ist ja abgereist.

Figaro. Vielleicht auch nicht. (Da die Damen nachdenklich schweigen, drängend.) Hab' ich freie Hand?

Susanne (zuredend). In Führung einer Intrigue kann man sich schon auf ihn verlassen.

Figaro (feurig). Eine?! Zwei, drei, vier auf einmal; je verwickelter, desto besser. Ich bin ein geborener Hofmann.

Susanne. Soll doch ein schweres Handwerk sein.

Figaro (verächtlich). Empfangen, nehmen, verlangen: in diesen drei Worten besteht sein ganzes Geheimniß.

Gräfin. Deine Sicherheit besticht mich beinahe.

Figaro. So darf ich? (Die Gräfin wendet sich ab, Susanne winkt ihm zu.) An's Werk denn! Ich schicke den blonden Cherubin sogleich hierher: frisire ihn, kleide ihn um. Dann versteck' ich ihn wieder und bringe ihm seine Rolle bei. Sobald der Herr Graf von der Jagd zurückkehrt, kann das Schauspiel beginnen.

Gräfin. Susanne.

Gräfin (an ihren Toilettentisch eilend). Aber Susanne, bedenkst du denn gar nicht, wie ich aussehe? Und der junge Mann wird gleich hier sein!

Susanne. Wollen gnädige Gräfin ihm durchaus den Gnadenstoß versetzen?

Gräfin (sich arrangirend). Ich? Du wirst hören, wie ich ihn zurechtweise. Nein, sieh doch nur, meine Haare sind wirklich in einer schrecklichen Unordnung!

Susanne (sie lächelnd bedienend). Wenn ich diese zwei Locken ein wenig aufnehme, wird die Zurechtweisung noch schrecklicher werden.

Gräfin (sich besinnend, streng). Was soll das heißen, Mademoiselle? (Es klopft an der Thüre links.)

Vierter Auftritt.

Gräfin. Susanne. Cherubin.

Susanne. Nur herein, Herr Offizier. Wir sind sichtbar.

Cherubin (der sich scheu nähert). Ach, wie mich dieser Titel betrübt, gnädige Frau. Er mahnt mich, daß ich scheiden muß von dieser Stelle, von einer Frau Pathe, die so gütig ist...

Susanne. Und so schön.

Cherubin (seufzend). Ach ja!

Susanne (nachahmend). »Ach ja!« Der gute Junge mit seinen langen, scheinheiligen Augenwimpern. Komm, kleiner Spaßvogel, singe der gnädigen Gräfin deine Romanze. (Sie überreicht das Notenblatt.)

Gräfin (es entfaltend). Von wem mag sie sein?

Susanne. Wie der Schuldige roth wird, über beide Wangen!

Cherubin. Darf man denn nicht ...lieben...

Susanne (drohend). Ich werde alles sagen, Schelm.

Gräfin. Singt er sie auch selbst?

Cherubin. Gnädige Frau, ich bebe.

Susanne (lachend). Tralalala. Wenn gnädige Frau befiehlt, gehorcht der schüchterne Dichter. Ich werde ihn begleiten.

Gräfin. Nimm meine Guitarre. (Die Gräfin liest sitzend im Notenblatt nach. Susanne steht hinter ihr und präludirt, die Noten über der Gräfin Schulter einsehend. Vor ihr steht, mit niedergeschlagenen Augen, der kleine Page. Die Gruppe stellt ganz das berühmte Bild Banloo's dar: Spanische Konversation.)

Romanze.
Melodie: Held Marlborough zieht zu Felde etc.

Mein Rößlein, sollst mich tragen
(Ach, mein Herz, mein Herz thut mir schlagen)
Durch Berg und Thal zu jagend
Wohl über Stock und Stein.

Wohl über Stock und Stein
Hinritt ich ganz allein;
Wo dunkle Tannen ragen,
(Ach, mein Herz, mein Herz thut mir schlagen)
Da hub ich an zu klagen,
Und Thränlein flossen drein.

Ja, Thränlein flossen drein;
Ich grub in einen Stein
Den Namen nicht zu sagen,
(Ach, mein Herz, mein Herz thut mir schlagen)
Drauf zog in lust'gem Jagen
Der König hin am Rain.

Der König zog am Rain
Sammt Hofstaat groß und klein;
Die Kön'gin kam zu fragen,
(Ach, mein Herz, mein Herz thut mir schlagen)
»Was hast du schwer zu klagen?
Willst du nicht fröhlich sein?

Willst du nicht fröhlich sein,
Gesteh' dein Leides ein!« –
Ach, mein Herz, mein Herz thut mir schlagen,

Drin hab' ich seit viel Tagen
Herzliebchens Bild getragen,
Die holde Pathe mein.

Die holde Pathe mein,
Sie lieb' ich, treu und rein.
Die Königin zu sagen
Begann: »Du sollst nicht klagen«,
(Ach, mein Herz, mein Herz thut mir schlagen)
»Ich will dir Pathe sein.

»Ich will dir Pathe sein,
Sei du der Page mein;
Du magst dir nach Behagen,
Wenn sie dich ausgeschlagen«,
(Ach, mein Herz, mein Herz thut mir schlagen)
»Meiner Damen schönste frein.«

Ich eine Andre frein?
O nein, Fran Königin, nein!
Ihre Fesseln will ich tragen
(Ach, mein Herz, mein Herz thut mir schlagen)
Bis einst im schwarzen Schragen
Ich ruhig schlafe ein!

Gräfin. Recht einfach, sogar voll Empfindung.

Susanne (die Guitarre weglegend). O was Empfindung betrifft, verspricht der junge Mann etwas. Hat man Ihm, Herr Offizier, denn auch gemeldet, daß Er im heutigen Festspiel eine Frauenrolle darstellen soll? Nun möchten wir gern vorher wissen, ob eins meiner Kleider Ihm paßt.

Gräfin. Ich fürchte: nein.

Susanne (mißt sich mit ihm). Gleiche Größe. Erst nehmen wir ihm den Mantel ab. (Sie thut es.)

Gräfin (ängstlich). Wenn Jemand käme!

Susanne. Thun wir denn etwas Böses? Doch will ich die Thüre verschließen. Wenn wir nur einen passenden Kopfputz hätten.

Gräfin. Nimm von meiner Toilette ein Morgenhäubchen.

(Susanne ab in das Kabinet.)

Fünfter Auftritt.

Cherubin. Gräfin.

Gräfin. Bis zum Beginn des Festes darf der Graf nicht wissen, daß du noch im Schlosse verweilst. Wir werden ihm sagen, wir haben auf die Ausfertigung deines Patents gewartet.

Cherubin (ein Papier ans der Tasche ziehend). Da ist es leider schon. Basilio hat es mir in des Herrn Grafen Namen zugestellt.

Gräfin. Nicht eine Minute haben sie verlieren wollen. (Sie liest das Patent und giebt es dann dem Pagen zurück.) So eilig waren sie, daß sie das Siegel darunter vergessen haben.

Sechster Auftritt.

Cherubim. Gräfin. Susanne.

Susanne (mit einer Coiffure zurückkehrend). Ein Siegel? Wozu das?

Gräfin. Unter sein Patent, das man ihm schon eingehändigt hat. Ist der Kopfputz da?

Susanne. Der hübscheste, den ich finden konnte. Nun, knie Er einmal nieder, – nicht da, – dicht vor der gnädigen Gräfin, damit sie Ihn genau betrachten kann. (Cherubin kniet auf einem, von Susannen gebrachten Kissen. Sie setzt ihm den Kopfputz auf.) Nein, wie prächtig ihm das steht!

Gräfin. Seinen Kragen lege ein wenig weiblicher zurück.

Susanne (an ihm musternd). So. Sehen gnädige Gräfin, was der Taugenichts für ein reizendes Mädchen geworden ist. Ich bin ganz eifersüchtig auf ihn. (Sie kneipt ihm Kinn und Wange.) Will er wohl nicht so hübsch sein!

Gräfin (beschäftigt sich, zurückhaltend, mit ihm). Wenn wir ihm die Aermel etwas aufschlügen, daß die Spitzen besser sichtbar werden! (Streift den Aermel des Pagen zurück.) Ach, was trägt er denn da um den Arm gewickelt? Ein Band?!

Susanne. Obendrein das Band der gnädigen Gräfin. Ich bin froh, daß sie es selbst sieht. Wäre der Herr Graf nicht gekommen, so hätte ich es dem Spitzbuben sicher wieder abgejagt; ich nehme es in Stärke mit ihm auf.

Gräfin (erschrocken). Was seh' ich? An dem Bande ist Blut!

Cherubin (zögernd). Als ich heute mein Pferd aufzäumte, um abzureisen, ritzte ich mich an einer Schnalle.

Gräfin. Aber wer verbindet sich denn mit einem Seidenband?

Susanne. Noch dazu mit einem geraubten! Was er für weiße Arme hat! Wie eine Frau! Wahrhaftig weißer als meine eigenen! Wollen gnädige Gräfin nicht vergleichen?

Gräfin (abweisend). Hole mir lieber englisches Pflaster und eine Scheere. (Susanne giebt im Abgehen dem Pagen einen kleinen Stoß, so daß er wieder vor der Gräfin in die Knie fällt.)

Gräfin (nach einer Pause, während deren Cherubin, dreister werdend, sie bittend und zärtlich angeblickt). Mein Band, mein Sohn, hättest du nicht nehmen sollen. (Sie thut böse.) Ich bin ernstlich ungehalten darüber. (Cherubin sieht sie traurig an, worauf sie begütigend fortfährt.) Der Farbe wegen miss ich es nicht gern.

Susanne (mit Scheere und Pflaster in einem Etui zurückkehrend, das sie der Gräfin darreicht). Verbinden wir nun die schweren Wunden unseres Helden.

Gräfin (die Susannen wieder entfernen möchte). Hole indessen deine Kleider herüber und bringe auch ein anderes Band mit. (Susanne, mit dem Mantel des Pagen, durch die Thür im Hintergrunde, neben dem Alkoven, ab.)

Cherubin (immer knieend, vor der Gräfin, welche sitzt). Das Band, das man mir nimmt, würde mich über Nacht geheilt haben.

Gräfin. Nicht doch! Englisches Pflaster thut bessere Dienste.

Cherubin. Die Frau Pathin wissen das nicht: nichts heilt so rasch wie ein Band, das Jemand getragen hat, der uns … (stockt.)

Gräfin (rasch einfallend). Der uns fremd ist? Das wußt' ich in der That nicht. Aber ich werde es an diesem Bande versuchen, wenn sich einmal Jemand im Hause geschnitten hat.

Cherubin (weinerlich). Sie nehmen mir mein theures Band weg, und fort soll ich auch.

Gräfin. Auf kurze Zeit nur!

Cherubin (in Thränen). Ach, ich bin recht unglücklich!

Gräfin. Er weint. Gewiß denkt er an Figaro's schreckliche Prophezeiung.

Cherubin. Daß sie sich erfüllte, daß ich augenblicklich und hier sterben müßte. Vielleicht fände ich dann den Muth, zu gestehen, was ich fühle.

Gräfin (gerührt). Sei doch still, armes Kind, sei still. (Sie trocknet ihm mit ihrem Tuche die Thränen ab.) Wenn du wüßtest …. (Es wird an die Thür links gepocht.) Wer klopft?

Gräfin. Cherubin. Graf.

Graf (von draußen). Sie haben sich eingeschlossen?

Gräfin. Es ist der Graf. Hilf Himmel! (Sie springt erschreckt auf, so auch Cherubin.) Der Page ohne Mantel, in diesem Aufzug, allein mit mir … Der anonyme Brief … Seine Eifersucht…

Graf (pocht noch einmal). Nun? Wird man mir öffnen?

Gräfin. Ich bin .. ganz allein.

Graf. Mit wem reden Sie denn, wenn Sie allein sind?

Gräfin. Mit … mir. Nicht doch …. mit Ihnen!

Cherubin (für sich). Ich bin ein Kind des Todes, wenn er mich noch einmal findet. (Er eilt in das Kabinet rechts, dessen Schlüssel die Gräfin hastig abzieht und zu sich steckt.)

Gräfin (öffnet dem Grafen). Was hab' ich gethan!

Graf (eintretend, mit ernstem, aber nicht hartem Ton). Seit wann pflegen Sie sich einzuschließen, Gräfin?

Gräfin. Ich .. ich hatte Toilettengeheimnisse mit Susannen, – ja wohl mit Susannen; sie ist einen Augenblick in ihr Zimmer hinübergegangen.

Graf. Und das hat Sie so aufgeregt? Ihre Stimme zittert ja!

Gräfin. Kein Wunder! Wir sprachen – von Ihnen. Sie ist, wie gesagt, eben erst hinübergegangen.

Graf. Mich führt die Unruhe zurück. Als ich zu Pferde stieg, wurde mir ein Brief zugesteckt, auf dessen Inhalt ich zwar nicht den mindesten Werth lege, der aber doch – mich ärgert.

Gräfin. Was für ein Brief?

Graf. Wir beide, Gräfin, Sie wie ich, sind augenscheinlich von böswilligen Leuten umgeben. Stellen Sie sich vor: man meldet mir, im Laufe des Tages, während meiner Abwesenheit, werde Jemand, den ich fort glaubte, Sie besuchen.

Gräfin. Dieser Jemand müßte keck genug sein, hier einzudringen; ich habe mir vorgenommen, mein Zimmer heute nicht zu verlassen.

Graf. Auch nicht bei Susannens Hochzeit?

Gräfin. Auch da nicht; ich fühle mich ernstlich unwohl.

Graf. So trifft sich's gut, daß Doktor Bartholo zugegen ist.
(Ein Stuhl fällt in der Garderobe.) Welcher Lärm?

Gräfin (auf's Neue noch mehr verlegen). Ein Lärm?

Graf. In Ihrer Garderobe fiel etwas.

Gräfin. Ich hörte nichts.

Graf. Madam! (Auf die Thür rechts deutend.) Es ist Jemand in diesem Zimmer.

Gräfin. Wer soll drinnen sein?

Graf. Das frag' ich Sie. Ich komme von draußen.

Gräfin. Vielleicht Susanne, die aufräumt.

Graf. Die, – sagten Sie nicht so? – eben erst in ihr Zimmer hinübergegangen ist?

Gräfin. Dahin, dorthin; wie kann ich das wissen?

Graf. Wenn es Susanne ist, woher Ihre Verlegenheit?

Gräfin. Mich dünkt, meine Kammerjungfer brächte eher Sie als mich in Verlegenheit.

Graf (in Zorn gerathend). Keine Ausflucht! Ich will Susannen sehen!

Gräfin. Mir scheint, Sie haben Susannen nur zu oft gesehen.

Achter Auftritt.

Graf. Gräfin. Susanne.

Susanne tritt, mit Frauenkleidern auf dem Arm, durch die Thür im Hintergrunde ein. Beim Anblick des Grafen erschrickt sie und bleibt lauschend in der Nähe des Alkovens stehen.

Graf. Ist mein Verdacht grundlos, so wird er leicht zu widerlegen sein. (Er ruft in die Tapententhüre rechts.) Komm heraus, Susanne, ich befehl' es!

Gräfin. Sie kann nicht gehorchen. Sie hat Kleider versucht, die ich ihr zur Hochzeit geschenkt, und ist, halb angezogen, entflohen, als Ihr Klopfen uns erschreckte.

Graf. So kann sie reden, wenn sie nicht erscheinen kann. (Wie oben.) Susanne, bist du in diesem Kabinet? Antworte, ich befehl' es! (Susanne flüchtet in den Alkoven, hinter die Vorhänge des Bettes.)

Gräfin. Und ich, Susanne, verbiete dir zu antworten. Hat man je eine solche Tyrannei gesehen!

Graf. Sie spricht nicht, sie kommt nicht; wohlan, so werde ich mich selbst überzeugen. (Er geht auf die Thüre zu.)

Gräfin (dazwischen tretend). Herr Graf, Sie sind in meinen Zimmern!

Graf. Die Sie mir verschließen, Frau Gräfin. Sie um den Schlüssel bitten, wäre verlorne Mühe. So bleibt nichts übrig, als Gewalt. (Er ergreift die Klingel auf der Toilette der Gräfin und will läuten:)

Gräfin. Ziehen Sie unsere Leute herbei und machen uns zum Gespött des Schlosses, der ganzen Stadt?

Graf. Ich kann freilich auch ohne Hülfe diese leichte Thür sprengen, ein Hammer genügt dazu. (Will abgehen.) Damit aber während meiner Abwesenheit hier Niemand verschwinde, werden Sie die Güte haben, mich zu begleiten. Ohne Aufsehen, das Sie ja nicht lieben. Diese Thür (im Hintergrunde) verschließe ich auch, um Ihre Rechtfertigung vollkommen zu machen. (Er verschließt die Thür und steckt den Schlüssel zu sich.)

Gräfin (für sich). Wie schrecklich straft sich meine Unbesonnenheit!

Graf. Ihren Arm, Gräfin! (Er führt sie durch die Thür links ab, die er hinter sich abschließt.)

Susanne. Cherubin.

Susanne (aus dem Alkoven an die Kabinetsthür eilend). Oeffne, Cherubin! Ich bin's, Susanne. Rasch!

Cherubin (herausschleichend). Susanne, welch' ein Auftritt

Susanne. Nur hinaus!

Cherubin. Wo denn? Alle Thüren verschlossen!

Susanne. Weiß ich's? Aber hinaus! Kommt er zurück, bist du verloren. Eile zu Figaro. Erzähle ihm Alles.

Cherubin (das Fenster erblickend). Ha! dies Fenster.

Susanne. Ein Stockwerk hoch!

Cherubin (hinaussehend). Es geht in den Küchengarten, auf die Melonenbeete. Da fällt sich's weich.

Susanne (ihn zurückhaltend). Er bricht den Hals! Springe nicht!

Cherubin (außer sich). Für sie – in einen Abgrund! Ein Kuß von Suschen leiht mir Flügel! (Reißt sich los, küßt sie, springt hinaus. Pause.)

Susanne (sinkt mit einem Schrei des Entsetzens in einen Stuhl; dann rafft sie sich auf, sieht, widerstrebend, aus dem Fenster und lacht laut auf). Er ist fort! Schon über alle Berge! Du kleiner Taugenichts, ebenso flink wie hübsch! Dir wird's einmal bei den Frauen nicht fehlen. (Sie geht auf das Kabinet zu.) Geschwind seinen Platz eingenommen. Und jetzt, mein Herr Graf, können Sie kommen, Thüren erbrechen, Lärm schlagen, wie es Ihnen beliebt. Ein Schelm wer antwortet. (Ab in's Kabinet.)

Zehnter Auftritt.

Graf. Gräfin (zurückkommend).

Graf (Zange und Hammer in der Hand, welche er auf einen Stuhl wirft). Alles, wie ich es verlassen. (Zur Gräfin, die sich kaum aufrecht erhält) Madam, ehe ich zum Aeußersten schreite, frage ich noch einmal: Wollen Sie öffnen?

Gräfin. Wie kann eine plötzliche Laune so den ehelichen Frieden stören? Wenn es noch Liebe wäre, die Ihnen Ihre eifersüchtige Wuth einflößt, so könnte ich, um des Grundes willen, die Beleidigung verzeihen. Aber daß nur Eitelkeit einen Edelmann so weit treiben kann!

Graf. Liebe oder Eitelkeit, gleichviel. Oeffnen Sie die Thür, wenn ich sie nicht erbrechen soll.

Gräfin. Halten Sie ein, ich bitte Sie. Glauben Sie, daß ich im Stande bin, meine Pflichten zu verletzen?

Graf. Sie fragen statt zu antworten. Ich aber bestehe darauf, ich will wissen, will sehen, wer sich in jenem Kabinet befindet?

Gräfin. Das sollen Sie. Nur hören Sie zuvor mich ruhig an.

Graf. So ist es also nicht Susanne?

Gräfin (stockend). Wenn sie es auch nicht ist, so ist es Jemand gleich Unverfängliches. Ein Maskenscherz für heute Abend...

Graf. Ein Scherz, sagen Sie?

Gräfin. Und schwöre Ihnen, daß wir beide Sie nicht verletzen wollten, weder ich, noch er.

Graf. Er?! So ist's ein Mann!

Gräfin (lautlos). Ein – Knabe.

Graf. Wer denn?

Gräfin. Ich wage nicht, ihn zu nennen.

Graf (außer sich). So fällt er von meiner Hand. (Greift nach dem Werkzeug und eilt auf das Kabinet zu.)

Gräfin (sich ihm m den Weg werfend). Es ist .. Cherubin!

Graf (mit dem Fuße stampfend, halblaut). Zum dritten Male der verwünschte Page. (Laut.) Deshalb Ihre Rührung beim Abschied? Deshalb sein heimliches Verweilen im Schlosse, während ich seine Abreise befohlen hatte. Alles ist klar. Der Brief sprach die Wahrheit. (Heftig an die Thüre klopfend.) Heraus, Unseliger!

Gräfin (vor ihm niederfallend). O mein Gemahl, schonen Sie ein unschuldiges Kind! Er wagt nicht zu erscheinen: die Unordnung in seinem Anzuge...

Graf. Auch das noch!

Gräfin. Wir wollten ihn in ein Kleid Susannens stecken. Trauen Sie meinen Worten mehr als dem Augenschein. Auf meinen Knieen bitte ich um Gnade für ihn!

Graf. Bitte für dich, treuloses Weib! Hinweg, aus meinem Wege!

Gräfin. Bei deiner Liebe zu mir sei beschworen ..

Graf (bitter auflachend). Meine Liebe, du Falsche? Noch einmal, hinweg von der Thüre!

Gräfin (erhebt sich wankend und überreicht dem Grafen den Schlüssel). Oeffnen Sie, Herr Graf! Ueber mich Ihre Rache! (Sie fällt in einen Stuhl, das Gesicht mit dem Tuche bedeckend.) Er ist verloren.

Graf (reißt die Thüre auf, in der Susanne erscheint, und fährt bei ihrem Anblick weit zurück). Susanne!

Graf. Gräfin. Susanne.

Susanne (mit einem Knix vortretend und den Grafen kopirend). Er fällt von meiner Hand! (Laut auflachend.) Nun, so tödten Sie ihn doch, den gefährlichen Pagen!

Graf (ganz erstarrt, für sich). Meisterhaft gespielt! (Mit einem halben Blick auf die Gräfin, die ebenfalls wie versteinert in ihrem Sessel liegt.) Und sie stellt sich auch noch erstaunt und erschreckt! (Von einem Gedanken durchzuckt). Halt! Vielleicht war sie nicht allein drin. (Stürzt in das Kabinet).

Susanne (zur Gräfin eilend, rasch und leise). Erholen Sie sich, gnädige Frau! Er ist gerettet! Ein Sprung aus jenem Fenster, und weg war er!

Gräfin (nach einem unterdrückten Angstschrei, lallend). Susanne, welch ein schreckliches Spiel war das!

Graf (aus dem Kabinet kommend, sehr verlegen). Niemand drin! Diesmal hab' ich Unrecht! (Kurze Pause.) Gräfin, – Sie spielen vortrefflich Komödie!

Susanne. Und ich erst, Excellenz?

Gräfin (schweigt, ihr Taschentuch vor das Gesicht haltend).

Graf (nähert sich der Gräfin halb beschämt, halb zweifelnd). So war dies alles nur ein Scherz?

Gräfin (sich allmählig fassend). Warum nicht?

Graf. In der That, ein grausamer Scherz! Und zu welchem Zweck?

Gräfin (sicherer geworden). Verdient Ihre Thorheit Schonung?

Graf. Thorheit – die Sorge um meine Ehre!?

Gräfin. Bin ich verpflichtet, ewig leidend zwischen Ihrer Gleichgültigkeit und Ihrer Eifersucht zu stehen?

Graf (bittend). Gräfin!

Susanne. Wie nun, wenn die gnädige Gräfin hätte gewähren lassen, wenn die Schloßdienerschaft hier versammelt worden wäre?

Graf. Ich bin tief beschämt.

Susanne. Das ist Euer Excellenz einmal recht gesund.

Graf. Warum kamst du nicht, als ich rief? Du Schalk!

Susanne. Weil ich mich anzog. Und dann verbot mir ja auch meine gnädige Gräfin zu antworten. (Halblaut, zum Grafen.) Sie wußte wohl, warum.

Graf. Statt meine Schuld zu vergrößern, hilf mir Verzeihung erlangen.

Gräfin. Das Unrecht war zu schwer. Ich werde mich in ein Kloster zurückziehen; ich sehe ein, daß es höchste Zeit dazu ist.

Graf. Könnten Sie mich so leicht verlassen?

Susanne. Ich weiß gewiß, am Tage des Abschieds käme die Reue.

Gräfin. Wenn auch, Susanne. Lieber bereuen, als unwürdig verzeihen. Er hat mich zu tief verletzt.

Graf. Rosine!

Gräfin. Ach, die bin ich nicht mehr, nicht Rosine, die Sie anbeteten, liebten, entführten; ich bin die arme Gräfin Almaviva, die von ihrem Gatten verlassene, gekränkte Frau.

Susanne (beschwichtigend). Gnädige Gräfin!

Graf. Habe Mitleid!

Gräfin. Hatten Sie es für mich?

Graf. Bedenke, wie ich gereizt worden durch den anonymen Brief.

Gräfin. Er war geschrieben ohne meine Einwilligung.

Graf. Aber du wußtest darum?

Gräfin. Figaros Unbesonnenheit.

Graf. Figaro auch im Spiel?

Gräfin. Er hatte den Brief an Basilio gegeben.

Graf. Und Basilio sagte mir, er habe ihn von einem Bauern empfangen. Wart', doppelzüngiger Musikmeister, du sollst mir für Alle bezahlen.

Gräfin. So sind die Männer. Von uns verlangen sie Vergebung für sich, und sie selbst wollen an Andern sich rächen. Nicht doch. Wenn ich verzeihe, geschieht es nur unter der Bedingung eines Generalpardons.

Graf. Zugestanden, und das von Herzen. Aber nun erkläre mir auch, wo ihr Frauen die Kunst der Verstellung erlernt? Du erröthetest, du weintest; dein ganzes Gesicht war voll Aufregung. Wahrhaftig, es ist es noch!

Gräfin (gezwungen lächelnd). Ich erröthete über deinen Verdacht.

Graf (lachend). Und der Page mit seinem unordentlichen Anzug...

Gräfin (auf Susanne deutend). Da ist er. Nicht wahr, ihm begegnen der gnädige Herr lieber als dem anderen?

Graf (lauter lachend). Dann dein Kniefall, deine Thränen.

Gräfin. Ich muß mitlachen, wo ich weinen möchte.

Graf. Wir Männer sind Kinder in der Politik und Diplomatie. Dich, nicht mich, sollte der König als Botschafter nach London schicken. Welch ein tiefes Studium muß euer Geschlecht in der Selbstbeherrschung gemacht haben, um es zu solcher Vollkommenheit zu bringen.

Gräfin. Das eurige zwingt uns dazu.

Susanne. Man glaube uns nur auf's Wort, und wir sind die ehrlichsten Menschen von der Welt.

Gräfin. Genug davon.

Graf. Nicht eher, bis du noch einmal sagst, du hast vergeben.

Gräfin. Susanne, hab' ich das schon gesagt?

Susanne. Ich habe nichts gehört.

Graf. So sprich es jetzt aus, das holde Wort: Vergebung!

Gräfin. Verdienen Sie es?

Graf. Durch meine Reue!

Susanne. Einen Mann im Kabinet der gnädigen Gräfin vermuthen!

Graf. Ich bin dafür bestraft.

Susanne. Ihrem Wort und dem ihrer ehrlichen Kammerjungfer nicht trauen!

Graf. Rosine, ich kniee, wie du: Vergebung!

Gräfin (dem Grafen die Hand reichend, die dieser hastig und mehre Male küßt). Nun, da hast du sie! (In des Grafen Armen.) Sieh weg, Susanne! Meine Schwäche giebt dir ein schlimmes Beispiel.

Susanne. Frauenschicksal, in das ich mich zum Voraus ergebe!

Vorige. Figaro.

Figaro (athemlos von links eintretend). Die gnädige Gräfin wurde unwohl gesagt. Deswegen eil' ich herbei, finde aber zu meiner Beruhigung hier Alles im besten Stande.

Graf (trocken). Du bist sehr diensteifrig.

Figaro. Meine Pflicht, Excellenz. Da meine Dienste glücklicher Weise unnöthig sind, so könnten wir ja nun wohl zu der feierlichen Handlung schreiten. Das ganze Dorf ist versammelt, der Brautzug und die Musik in Ordnung. Wenn es also Excellenz und Susannchen beliebte ..? ..

Graf. Wer bleibt aber bei der Gräfin?

Figaro. Gnädige Gräfin sind vollkommen wohl.

Graf. Ja doch; aber sie bedarf des Schutzes gegen den fremden Besuch.

Figaro. Ein fremder Besuch?

Graf. Ein Anbeter, den ich abgereist glaubte.

Figaro. Ein abgereister Anbeter?

Graf. Stand nicht so in dem Briefe, den du Basilio gegeben?

Figaro. Ich? Ihm? Wer sagt das?

Graf. Schelm, wenn ich es nicht bereits wüßte, würde dein Gesicht mir sagen, daß du lügst.

Figaro. Ist dem so, dann lügt mein Gesicht, nicht ich.

Susanne. Laß gut sein, Figaro, und ergieb dich: wir haben Alles eingestanden.

Figaro. Was eingestanden? Man behandelt mich hier wie einen Basilio.

Susanne. Daß du den Brief geschrieben, um den gnädigen Herrn Grafen weiß zu machen, der Page stecke in dem Kabinet, worein ich mich eingeschlossen hatte.

Graf. Was sagst du nun?

Gräfin. Dein Läugnen hilft nichts mehr; der Scherz ist vorüber.

Figaro (der errathen möchte, was vorgegangen). Wirklich? Der Scherz ist vorüber?

Graf. Wirst du den Brief endlich eingestehen?

Figaro. Excellenz, wenn die gnädige Gräfin befiehlt, daß ich ihn geschrieben haben soll, wenn Susanne es befiehlt, wenn endlich Excellenz höchstselbst es befiehlt, was bleibt mir übrig, als zu gehorchen, mich zu dem namenlosen Brief als Verfasser zu bekennen? (Fein und zweideutig.) Wäre ich aber an Euer Excellenz Stelle, ich glaubte kein Wort von Allem, was wir Ihnen sagen.

Graf. Mir reißt die Geduld: Lügen ohne Ende!

Gräfin (vermittelnd). Warum sollte er auch so spät anfangen, die Wahrheit zu reden? (Spricht besänftigend mit dem Grafen weiter.)

Susanne (leise zu Figaro). Sahst du Cherubin?

Figaro (wie oben). Noch ganz auseinander.

Susanne (wie oben). Fatal!

Gräfin (auf Susanne und Figaro deutend). Sehen Sie, mein Gemahl! Unser Brautpaar kann die Hochzeit nicht erwarten. Gehen wir zur feierlichen Handlung.

Graf (für sich). Wo bleibt Marzelline? (Laut.) Ich sollte mich doch wenigstens umkleiden.

Gräfin. Unserer Leute wegen? Bin doch ich im Negligé.

Dreizehnter Auftritt.

Vorige. Antonio.

Antonio (taumelt, mit einem zertretenen Nelkenstock im Arm, herein; er ist angetrunken). Wo ist meine Ex'lenz?!

Graf. Was soll's, Antonio?

Antonio. Die Fenster, Ex'lenz, sollten Sie endlich 'mal vergittern lassen, die auf meinen Küchengarten gehen. Alle Tage werfen sie, mit Respekt zu sagen, was anderes 'naus, – Papierschnitzeln, Zwirnsfaden… vorhin gar 'n Menschenkind.

(Gräfin, Susanne und Figaro erschrecken.)

Graf. Aus diesem Fenster?

Antonio. Nu' ja doch. Da sehn Ex'lenz meinen Nelkenstock an, wie der zugericht't ist.

Susanne (leise). Figaro, hilf!

Figaro. Gnäd'ger Herr, der Mann ist betrunken, am frühen Morgen.

Antonio. Fehlgeschnitten, Bartkratzer. 's ist noch von gestern her, mein Rausch nämlich.

Graf. Wo ist der Mensch? Auf der Stelle her mit ihm!

Antonio. Sag ich auch. Her mit ihm, auf der Stelle. Denn warum bin ich Gärtner? Wenn so ein Mensch, mir nichts, dir nichts, auf meine Beete fällt, so tritt er meine Reputazjon mit Füßen.

Susanne (wie oben). Geschwind, eine Nothlüge.

Figaro. Pfui über den ewigen Trunkenbold!

Antonio. Noch einmal fehlgeschnitten. Denn warum? Der fortwährende Durscht ist der einzige Vorzug, was den Menschen von den Thieren unterscheiden thut.

Graf (zornig). Antworte, oder ich jage dich fort.

Antonio. Hä, hä, hä! Als ob ich gehen thäte!

Graf. Du unterstehst dich?

Antonio. Wenn Sie auch dumm genug wären, so einen guten Dienstboten wie ich bin nicht zu behalten, na, so bin ich doch so gescheit, daß ich so 'ne ex'lente Herrschaft nicht fortjage. Nä, wir bleiben beisammen.

Graf (ihn schüttelnd). Also einen Mann hat man aus diesem Fenster geworfen?

Antonio. Na, endlich begreifen Sie's! Ein Mannsbild war's, in Hemdsärmeln, mit Respekt zu sagen, oder in einem weißen Wamms. Plumps, da lag er, mitten in den Nelken drin. Aufgerappelt hat er sich und ist fortgelaufen.

Graf. Und du?

Antonio. Als hinterdrein, bis ich mit dem Kopf an das Spalier rannte. Plumps, da lag ich nu', und streckte, mit Respekt zu sagen, alle Viere.

Graf. Aber wiedererkennen würdest du den Mann?

Antonio. Na, ob?! Nämlich, natürlich, wenn ich 'n gesehen hätte.

Susanne (wie oben, erleichtert). Er hat ihn nicht gesehen.

Figaro (wieder ganz sicher). Was für ein Lärm um so einen lumpigen Blumenstock. Ich bezahle ihn. Ich war es, der aus dem Fenster sprang.

Graf. Du?

Antonio. Er? Na, da muß er kurios gewachsen sein in der Zeit. Denn warum? Mir kam er viel kleiner vor und schlanker.

Figaro. Begreiflich. Im Sprung bückt man sich.

Antonio (nachsinnend, den Finger an der Nase). Kam mir's doch vor, als ob's das Windspiel von Pagen gewesen wäre!

Graf (rasch). Cherubin?

Figaro. Der vermutlich mit Sack und Pack zu Pferde von Sevilla zurückkam, wo er wohl längst eingetroffen ist.

Antonio (kopfschüttelnd). Nä, kein Pferd ist nicht aus dem Fenster gesprungen. Was wahr ist, ist wahr.

Graf. Himmlische Geduld, verlaß mich nicht.

Figaro. Ich befand mich im Zimmer der Kammerfrauen, auf mein Suschen zu passen. Der Hitze wegen hatt' ich mir's bequem gemacht. Auf einmal hört' ich im Korridor den gnädigen Herrn lebhaft reden. Mich faßte eine Angst wegen des anonymen Briefs und ohne viel zu überlegen, im ersten Schreck, sprang ich aus dem Fenster; wobei ich mir sogar den rechten Fuß ein wenig verstaucht habe. (Reibt ihn.)

Antonio. Wenn er's war, so muß ich ihm wohl auch den Fetzen Papier wiedergeben, der aus seiner Tasche gefallen.

Graf (greift rasch danach). Halt, her damit!

Figaro (leise). Gefangen!

Graf. Hast du vor Schrecken nicht auch vergessen, was dies Papier enthält, und wie es in deine Tasche gekommen?

Figaro (eine Anzahl Papiere aus seinen Taschen hervorziehend). Hm, hm! Ein Wunder wär's nicht, wenn man Kopf und Taschen so voll hat! War's nicht ein Brief von Marzellinen? Nicht doch, der ist hier. Oder die Bittschrift des armen Wilddiebs, der im Thurm sitzt? Nein, die ist da. Aber vielleicht das Verzeichniß der Möbel im kleinen Schlosse ... Das steckt in dieser Tasche. (Sucht.)

Graf (öffnet das Papier).

Gräfin (mit einem raschen Blick auf das Papier, leise zu Susanne). Es ist das Patent des Pagen.

Susanne (leise zu Figaro). Wir sind verloren. Es ist das Patent des Pagen.

Graf (das Papier wieder zusammenfaltend). Erräthst du noch immer nicht?

Figaro (sich vor den Kopf schlagend). Fundus! Das Fähndrichspatent unseres armen Pagen ist es. Er gab es mir, und ich vergaß in der Hast seiner Abreise, es ihm wieder zuzustellen. Das muß man ihm aber gleich' durch Eilboten nachschicken; was thäte er ohne Patent in der Garnison? (Will davonschleichen.)

Graf. Nicht so geschwind. Weshalb gab dir Cherubin das Patent?

Figaro (verlegen). Ich ... sollte noch etwas daran machen lassen.

Graf (in das Papier blickend). Es fehlt ja nichts daran.

Gräfin (zu Susanne, rasch und leise). Das Siegel fehlt.

Susanne (zu Figaro, rasch und leise). Das Siegel fehlt.

Figaro (wieder ganz sicher und dreist). Viel fehlt freilich nicht daran; er meinte aber, es sei Styli....

Graf (ungeduldig einfallend). Was ist Styli?

Figaro. Daß Excellenz Ihr hochadliches Wappen beidrücken ließen. Vielleicht ist es nicht einmal so nöthig.

Graf (das Papier öffnend, durchblickend und zornig zerknitternd). Verwünscht. Ich soll nichts herausbringen und von Allen, Figaro an der Spitze, mich anführen lassen, ohne mich rächen zu können. (Er will unmuthig abgehen.)

Figaro (ihn zurückhaltend). Sie gehen, gnädiger Herr!? Wo bleibt meine Hochzeit?

Vierzehnter Auftritt.

Vorige. Bartholo. Marzelline. Basilio. Antonio. Landleute. Dienerschaft.

Marzelline (bei Figaro's letzten Worten an Bartholo's Arm feierlich eintretend). Ich thue Einsprache gegen die Hochzeit, gnädiger Herr! Ich habe ältere Rechte an den Bräutigam.

Graf (für sich, erfreut). Jetzt kommt meine Rache.

Figaro. Was für Rechte?

(Gräfin zieht sich mit Susannen in den Hintergrund zurück.)

Graf. Worauf stützt Ihr euer Recht, Marzelline?

Marzelline. Auf ein schriftliches Eheversprechen.

Figaro. Ein bloßer Schuldschein über Geld, das sie mir geliehen.

Marzelline. Unter der Bedingung, daß er mich heirathen sollte. Excellenz, als unser Guts- und Gerichtsherr, sind Sie Ihren Unterthanen Gerechtigkeit schuldig.

Graf. Ich gewähre sie Jedermann, der sie vor Gericht fordert.

Basilio (vortretend). So darf auch ich meinerseits meine gerechten Ansprüche auf gegenwärtige Dame Marzelline geltend machen?

Graf (für sich). Ah, mein anonymer Briefträger; er kommt mir gerade recht. (Laut.) Wagt der Hans Narr auch von Rechten zureden?

Antonio (in die Hände klatschend). Getroffen, und das auf den ersten Streich: Basilio ein Narr.

Graf. Marzelline, die Hochzeit wird aufgeschoben bis nach der Prüfung eurer Ansprüche, welche öffentlich im großen Gerichtssaal vor sich gehen soll. Ehrlicher Basilio, treuer und zuverlässiger Bote, bestelle die Gerichtsleute.

Basilio. Für ihren Rechtfall?

Graf. Schaffe mir auch den Bauern zur Stelle, der dir das Billet gegeben.

Basilio. Wenn ich ihn kennte!

Graf. Du weigerst deinen Dienst?

Basilio. Ich bin nicht Botenläufer im Schlosse.

Graf. Was denn?

Basilio. Als talentvoller Musiker und Orgelspieler im Dorfe, gebe ich der gnädigen Gräfin Klavierstunde, den Kammerfrauen Gesangsunterricht, den Pagen Guitarrelektionen; mein Hauptgeschäft ist, durch Lautenschlagen die Gesellschaft unterhalten, wenn der Herr Graf befiehlt.

Bauernknabe (aus der Schaar der Landleute hervortretend). Ich will schon gehn, wann's gnä' Herrn recht is.

Graf. Wie heißt du, was bist du?

Bauernknabe. Ich bin ja der Hanns, gnä' Herr, der kleine Hanns, wo die Gaisen hüten thut. Heut' Nacht aber thu' ich mit beim Feu'rwerk. Heut' haben die Gaisen Feierabend. Und ich weiß, wo all' die Gerichtschreiber im Ort wohnen thun.

Graf. Dein Eifer gefällt mir. Geh denn. Du, Basilio, begleitest ihn und spielst Guitarre, ihm die Zeit zu vertreiben. Er gehört auch zur Gesellschaft.

Bauernknabe. Ich – zur Gesellschaft! Hähähä.

Basilio (entrüstet). Ich soll den Hanns mit der Guitarre begleiten?!

Graf. Das ist, wie du eben gesagt, dein Hauptgeschäft. Geh, oder ich jage dich fort. (Der Graf geht ab.)

Fünfzehnter Auftritt.

Vorige (ohne den Grafen).

Basilio (für sich). Mit großen Herren ist nicht gut Kirschen essen; sie werfen Einem...

Figaro (einfallend). Die Steine in's Gesicht.

Basilio. Ich werde, statt ihrer Heirath zu dienen, die meinige mit Marzellinen betreiben. (Zu Figaro.) Schließe nichts ab, bevor ich zurück bin. (Er nimmt die Guitarre.)

Figaro. Abschließen? Fürchte nichts. Und wenn du auch niemals zurückkommst ....Aber du scheinst mir nicht aufgelegt zum Singen; ich werde dir helfen. Auf, lustig, meinem Bräutchen zu Ehren. (Er tanzt voran, Alle folgen, Basilio spielt auf.)

???Tabelle Seguedilla.

Nichts besser mir gefällt Was mich erfreut und hält
Auf der Welt, Auf der Welt,
Als mein Suschen fein; Ist ihre Lieb' allein;
Fein, fein – – Lein, lein –
Fein, fein – – Lein, lein –
Fein, fein! – Lein, lein!

Sechszehnter Auftritt.

Gräfin. Susanne.
Während Gesang und Spiel hinter der Scene allmählig verhallen, kommen Beide, die sich
zurückgezogen, wieder in den Vordergrund.

Gräfin. Das war eine artige Scene, die mir dein Leichtfuß mit seinem anonymen Brief zugezogen hat.

Susanne. Meine Angst erst, als ich die gnädige Gräfin bald feuerroth, bald leichenblaß werden sah!

Gräfin. Er sprang also aus dem Fenster?

Susanne. Ohne sich zu besinnen, der brave Junge, – leicht wie ein Vogel.

Gräfin. Der verwünschte Gärtner! Das Alles hat mich so aufgeregt, daß ich mich nicht zu fassen vermag.

Susanne. Im Gegentheil; gnädige Gräfin haben sich so gut zusammengenommen, daß ich wohl gesehen habe, wie leicht die vornehmen Damen sich verstellen können, ohne daß man etwas merkt.

Gräfin. Glaube nicht, daß sich der Graf täuschen läßt. Cherubin muß aus dem Schloß, muß fort. Ihn an deiner Stelle in den Garten zu schicken, zum Rendez-vous mit meinem Gemahl, geht jetzt auf keinen Fall mehr an.

Susanne. Ich selbst kann aber doch noch weniger gehen, und so ist es mit meiner Hochzeit wieder nichts.

Gräfin (überlegend). Wenn nun statt deiner, statt seiner – ich ginge!?

Susanne. Die gnädige Gräfin?

Gräfin. Dadurch würde Niemand compromittirt, des Grafen Eifersucht und Untreue zu gleicher Zeit bestraft und seine Einwilligung zu deiner Heirath erreicht. In der That, dies Mittel würde allen Zwecken dienen, und das Glück unseres ersten Wagstückes giebt mir Lust und Muth zu einem zweiten. Laß den Grafen wissen, daß du kommst. Aber keine Silbe von meinem Plan, hörst du? An Niemanden!

Susanne. Außer Figaro?

Gräfin. Auch an ihn nicht. Er würde mitspielen wollen, und wir brauchen ihn diesmal nicht. Geh und hole mir meine Sammtmaske und meinen Spazierstock. (Susanne geht in das Kabinet ab.)

Siebzehnter Auftritt.

Gräfin. Susanne.

Gräfin (allein. Im Nachsinnen). Keck ist mein Plan, aber nicht ohne Reiz. (Sie erblickt bei einer Wendung auf dem Toilettentisch das Band, welches sie dem Pagen abgenommen.) Sieh da, mein Band, mein liebes Band, dich hätt' ich fast vergessen! Ich werde dich nicht mehr von mir lassen, du sollst mich an den armen Knaben erinnern, der hier vor mir kniete, dort (auf das Fenster deutend) sein Leben für mich wagte!...« Cherubin! (Sie wickelt das Band auf.) Herr Graf, was haben Sie gethan? Was thu' ich selbst in diesem Augenblick?

(Sie verbirgt das Band im Busen.)

Susanne. Hier ist die Maske und der Stock.

Gräfin. Erinnere dich, daß ich dir verboten habe, ein Wort von meinem Plan an Figaro zu sagen.

Susanne (erfreut). Ihr Plan ist reizend, gnädige Gräfin. Er vereinigt, er beendigt alles. Was sich nun auch ereignen mag, meine Heirath ist gesichert. (Sie küßt der Gräfin Hand, und während beide abgehen, fällt der Vorhang.)

Dritter Aufzug.

Schauplatz: Der große Saal des Schlosses, zum Gerichtstag hergerichtet. Zur Seite rechts ein Baldachin, worunter ein lebensgroßes Bild des Königs von Spanien; unter demselben, auf Stufen, ein Sessel für den Grafen, als obersten Lehns- und Gerichtsherrn; neben ihm, etwas tiefer, der Stuhl des Friedensrichters. Darunter die Tafel des Gerichtsschreibers, mit Akten, Schreibzeug, Glocke u.s.w. Zu beiden Seiten im Mittelgrunde Bänke für die Parteien. Im Hintergrunde, durch Schranken abgeschieden, der Raum für das Publikum. Der Vordergrund kann, bis zum Beginn der Verhandlungen, durch Vorhänge zwischen Säulen abgesperrt werden. Haupteingang in der Mitte. Zur Seite Nebenthüren oder Säulen.

Erster Auftritt.

Graf. Pedrillo.

Graf (zu Pedrillo, der, gestiefelt und gespornt, mit einer Ordonnanztasche in der Hand, vor ihm steht). Verstanden?

Pedrillo (indem er abgehen will). Ja, Excellenz.

Graf (ihm nachrufend). Pedrillo!

Pedrillo. Excellenz!

Graf. Es hat dich Niemand gesehen?

Pedrillo. Keine lebendige Seele.

Graf. Nimm den andalusischen Hengst.

Pedrillo. Er steht gesattelt am Gartentthor.

Graf. Und rasch, in einem Zug, bis Sevilla.

Pedrillo. Es sind nur drei Stunden, aber gute.

Graf. So wie du absteigst, frage, ob der Page angekommen.

Pedrillo. Im Hôtel?

Graf Ja; besonders, seit wann er dort ist?

Pedrillo. Ich verstehe.

Graf. Stelle ihm sein Patent zu und kehre schnell zurück.

Pedrillo. Wenn er aber nicht dort wäre, der Page?

Graf. So reitest du, noch schneller, zurück und bringst mir Bescheid.

(Pedrillo ab.)

Graf (allein). Das war ein thörichter Streich von mir, Basilio fortzuschicken. Der Zorn taugt nichts. (Er geht nachdenklich umher.) Mit dem Briefe, den er mir zugesteckt, ist es nicht richtig. Die Gräfin find' ich eingeschlossen und sichtlich verlegen; Susanne ebenfalls unter Schloß und Riegel; Figaro will aus dem Fenster gesprungen sein, während Antonio einen Andern springen sah … Ich sehe in dem allen nicht klar. Intriguen unter meiner Dienerschaft kümmern mich nicht; aber wenn man es wagte, die Gräfin hineinzuziehen! Wahrhaftig, wenn man den Kopf verliert, geräth die ruhigste Einbildung in Träume der thörichsten Art. Sie lachte, sie versuchte umsonst, ihre Heiterkeit zu unterdrücken. Aber sie achtet sich auch, und meine Ehre – alle Teufel! – Und wie stehe ich zu Susannen? Hat sie geplaudert, meine Anträge verrathen? Was fesselt mich nur an diese Laune? Oft schon habe ich sie aufgeben wollen. Seltsame Wirkung der Unentschlossenheit: wenn ich entschieden nach ihr strebte, würde ich sie viel weniger verlangen. Wenn nur Figaro käme! Ich muß herausbringen, ob er im Geheimniß ist.

Dritter Auftritt.

Graf. Figaro.

Figaro (schon bei den letzten Worten des Grafen lauschend sichtbar geworden, für sich). Wirklich?

Graf (wie oben). Hat mich Susanne an ihn verrathen, so muß er Marzelline heirathen.

Figaro (für sich). Basilio's Schätzchen

Graf. Susanne aber wird …

Figaro (unwillkührlich laut einfallend). Meine Frau!

Graf (sich rasch umdrehend). Wer spricht da?

Figaro (vorkommend). Euer Excellenz gehorsamster Diener.

Graf. Was sprachst du von deiner Frau?

Figaro. Ich antwortete nur auf eine Frage von draußen.

Graf. Und warum erscheinst du so spät, wenn ich dich rufen lasse?

Figaro (an seinem Anzug richtend). Die Gartenerde hatte meine Kleider beschmuzt; ich mußte mich umziehen.

Graf. Dazu braucht's eine Stunde?

Figaro. Immerhin Zeit.

Graf. Hier kleidet sich die Dienerschaft langsamer um, als die Herrschaft.

Figaro. Vermutlich, weil sie keine Dienerschaft zur Hülfe hat.

Graf. Damit weiß ich noch immer nicht, warum du bei deinem gefährlichen Sprunge Hals und Beine gewagt hast?

Figaro. Excellenz sind zu gnädig, sich meinetwegen zu beunruhigen.

Graf. Unverschämter! Nicht die Folge, sondern die Ursache des Sprungs beunruhigt mich.

Figaro. Der gnädige Herr kehren, auf eine falsche Nachricht hin, im höchsten Zorn zurück, wollen Schlösser sprengen, Thüren einbrechen, auf jeden Fall einen Mann versteckt finden. Ich bin zufällig da. Darf ich es wagen, Ihrer Hitze in den Weg zu treten?

Graf. Warum machtest du dich nicht über die Treppe davon?

Figaro. Damit Excellenz mich im Corridor erwischen?

Graf (zornig über Figaro's, Ausflüchte mit dem Fuß stampfend). Ueber die ewigen Ausreden! (Für sich.) Doch ruhig, sonst erfahre ich gar nichts.

Figaro (Für sich). Das nennt er ausforschen.

Graf (sich bezwingend). Lassen wir das. Zu etwas Anderm. Du weißt, ich hatte Lust, dich als Depeschenträger mit nach London zu nehmen. Indeß nach näherer Ueberlegung …

Figaro. Haben Excellenz sich anders besonnen?

Graf. Du kannst erstens nicht Englisch.

Figaro. Ich kann God dam!

Graf. Was bedeutet das?

Figaro. Alles in Allem. Das Englische ist eine äußerst bequeme Sprache. Mit God dam kommt man jenseits des Kanals überall durch. Man tritt in eine Schenke, um ein Hühnchen zu begehren. (Pantomime des Essens.) »God dam!« Flugs wird ein Stück halbrohes Rindfleisch ohne Brod servirt. Man möchte ein Glas guten Burgunder oder Bordeaux. (Pantomime des Trinkens.) »God dam!« Der Wirth bringt einen zinnernen Krug voll schäumenden Bieres. Man begegnet auf der Straße einer schönen Engländerin und schaut ihr unter den Hut. (Pantomime des Grüßens.) »God dam!« Und sie giebt Einem zum Zeichen, daß sie wohl verstanden hat, eine Ohrfeige, daß der Kopf wackelt. Alles mit »God dam!« Das ist die Grundlage alles Englischen. Die Eingebornen fügen in der Konversation dann und wann allerdings noch ein paar andere Worte hinzu, die aber vollkommen überflüssig sind. God dam ist die Grundlage der Sprache. Wenn Excellenz also keinen anderen Grund haben, mich zu Hause zu lassen …

Graf (für sich). Er will mit; Susanne hat nicht geplaudert.

Figaro (für sich). Er glaubt, ich weiß von nichts. Nur zugefragt.

Graf. Sage mir aber nur, warum in aller Welt die Gräfin sich diesen grausamen Scherz mit mir erlaubte?

Figaro. Das werden Euer Excellenz besser wissen als ich.

Graf. Besitzt sie nicht alles im Ueberflusse?

Figaro. Außer dem Nötigsten: das Herz ihres Gemahls.

Graf. Sonst sagtest du mir Alles.

Figaro. Jetzt verschweige ich Ihnen nichts.

Graf. Wie viel zahlt dir die Gräfin für deine Bundesgenossenschaft?

Figaro. Wie viel zahlten mir Excellenz, als wir die Gräfin dem Doktor Bartholo entführten? – Bitte, gnädiger Herr, mißhandeln Sie einen guten Diener nicht, wenn Sie ihn nicht zu einem schlechten machen wollen.

Graf. Ist es nicht wahr, daß du immer krumme Wege gehst?

Figaro. Auf denen ich meinem gnädigen Herrn allezeit begegne!

Graf. Dein Ruf ist abscheulich.

Figaro. Und wenn ich besser wäre, als mein Ruf? Giebt es viele große Herren, die das Gleiche von sich behaupten können?

Graf. Wenn du so fortfährst, wirst du niemals dein Glück in der Welt machen.

Figaro. Auch habe ich längst darauf verzichtet. (Erstaunte Bewegung des Grafen. Für sich.) Jetzt komm’ ich an die Reihe. (Laut.) Excellenz haben mir die Haushofmeisterstelle gegeben. Ein vortrefflicher Ruheposten. Warum sollt’ ich mit dem Depeschenbeutel Courier reiten, wenn ich hier im schönen Andalusien, in den Armen meiner Susanne, ein idyllisches Stillleben führen kann?

Graf. Nichts hindert dich, Susanne nach London mitzunehmen.

Figaro. Ich würde sie so oft allein lassen müssen, daß ihr oder mir die Heirath bald leid thun dürfte.

Graf. Du hast Geist und Geschick; damit steht dir jede Carriere in der Diplomatie offen.

Figaro. Mit Geist und Geschick eine Carriere? Excellenz spotten; Mittelmäßigkeit und Kriecherei allein gelangen an’s Ziel.

Graf. Mit einigen ernsten Studien machtest du unter meiner Leitung rasche Fortschritte in der Politik.

Figaro. Sie kenne ich bereits.

Graf. Wie das Englische: God dam?

Figaro. Bei ihr braucht’s noch weniger. Sich stellen, als wisse man, was man nicht weiß und wisse nicht, was man weiß, – hören, ohne zu verstehen, und verstehen, ohne zu hören, – verheimlichen, daß man nichts zu verheimlichen hat — sich einschließen, um Federn zu schneiden, – tief scheinen, wenn man nur hohl ist – irgend eine Rolle gut oder schlecht spielen, – Spione ausschicken und Verräther besolden, – Briefe erbrechen oder unterschlagen – mit kleinen Mitteln die größten Zwecke verfolgen: das ist, meiner Treu, die ganze Politik!

Graf. Die Intrigue, willst du sagen.

Figaro. Politik und Intrigue sind leibliche Schwestern. (Nach beliebiger Melodie trällernd.) »Mir ist mein Susannchen lieber, als die ganze weite Welt.«

Graf (für sich). Er will bleiben. Susanne hat doch geplaudert.

Figaro (für sich). Er hat kreuz und quer gefragt und doch nichts erfahren.

Graf. So hoffst du, deinen Prozeß gegen Marzelline zu gewinnen?

Figaro. Können mir Excellenz verargen, daß ich eine Alte ausschlage, wenn Sie uns alle Jungen wegnehmen?

Graf. Vor Gericht gilt das Gesetz, der Buchstabe.

Figaro. Ja wohl; da hängt man die kleinen Diebe, die großen...

Graf (sich abwendend, halblaut). Er weiß Alles. Es bleibt dabei: er heirathet die Alte. (Laut.) Warum ich dich rufen ließ: sorge, daß in diesem Saal alle Vorbereitungen zum Gerichtstage getroffen werden.

Figaro. Wird bald geschehen sein: ein Lehnstuhl für Excellenz, ein Sessel für den Herrn Frie-ie-iedensrichter, die Eselsbank für die Perrücken der Herren Richter, einen Tisch für den Schreiber, Kläger und Beklagte zu beiden Seiten, das Bauernpack hinter die Schranken … Excellenz werden im Nu bedient sein. (Läuft zur Seite links ab.)

Vierter Auftritt.

Graf (allein). Es ist nichts mit dem Spitzbuben anzufangen. Mit hundert aalglatten Windungen entschlüpft er mir, wo ich ihn zu fassen glaube, und legt mir Schlingen, ehe ich mich dessen versehe. Gut denn, mein listiges Pärlein! Verliebt euch, verlobt euch so viel ihr wollt: meinethalben verschwört euch auch gegen mich; aber vor euere Verehelichung werden wir doch einen Riegel vorzuschieben wissen.

Graf. Susanne.

Susanne (von rechts herbeieilend). Gnädiger Herr, ich bitte…

Graf (kalt abweisend). Was giebt's, Mademoiselle?

Susanne (überrascht scheinend). So böse?

Graf. Nun, was wollte Sie denn?

Susanne (schüchtern thuend): Meine Gräfin hat ihre Nervenzufälle. Deswegen wollte ich Excellenz um Ihren Hirschhorngeist ersuchen. (Treuherzig.) Ich bringe das Fläschchen alsbald zurück.

Graf (ihr ein Flacon reichend). Behalt's für dich. Du wirst es nöthig haben.

Susanne. Ich? Frauen meines Gleichen haben keine Zufälle. Die passen sich nur für Standespersonen.

Graf. Im Brautstand fehlt es an Ohnmachten auch nicht, zumal wenn man den Zukünftigen verliert.

Susanne. Ich löse den Meinigen bei Marzellinen aus (mit niedergeschlagenen Augen) mit der Mitgift, welche der gnädige Herr mir versprochen haben.

Graf. Ich – dir?

Susanne. So glaubte ich wenigstens zu verstehen.

Graf. Allerdings, aber die Bedingung war, daß du mir nachgeben solltest.

Susanne (kokettirend). Meine erste Pflicht gegen den gnädigen Herrn heißt Gehorsam.

Graf. Abscheuliches Mädchen, warum sagtest du das nicht früher?

Susanne. Eines Bessern besinnt man sich nie zu spät.

Graf. So kommst du heute Abend in den Garten?

Susanne. Ich gehe jeden Abend im Garten spazieren.

Graf. Und warst heute Morgen, in deinem Zimmer, so streng gegen mich?

Susanne. Gnädiger Herr, der Page hinter dem Stuhl.…

Graf. Sie hat Recht! (Von neuem mißtrauisch.) Warum aber deine hartnäckigen Abweisungen, so oft ich durch Basilio bitten ließ?

Susanne. Ein Basilio braucht ja nicht dabei zu sein.

Graf (immer entzückter). Sie hat wieder Recht! (Zurückfallend in den Ton des Zweifels). Nur Figaro! du sagst ihm Alles!

Susanne. Freilich Alles, bis auf das, was ich ihm nicht sage.

Graf (immer, wie oben). Vortrefflich! – Doch, wenn du nicht Wort hieltest! Verständigen wir uns recht, mein Schatz: ohne Garten keine Mitgift, ohne Mitgift keine Heirath!

Susanne (mit tiefem Knix). Desgleichen umgekehrt: ohne Heirath kein Herrenrecht.

Graf. Mädchen, woher nimmst du deinen Witz und deine Laune? Wahrhaftig, ich verliebe mich alles Ernstes in dich. Doch, die Gräfin wird auf das Flacon warten.

Susanne (reicht ihm lachend das Flacon). Da ist es wieder. Es war nur ein Vorwand, um den gnädigen Herrn sprechen zu können.

Graf (will sie umarmen). Reizendes Geschöpf!

Susanne (sich losreißend). Man kommt!

Graf (indem er links abgeht, für sich). Ich bin am Ziele!

Susanne (halblaut). Geschwind zur Gräfin, um Rapport abzustatten! (Will rechts ab.)

Sechster Auftritt.

Susanne. Figaro. Gleich darauf Graf.

Figaro (von rechts, Susannen entgegenkommend). Wohin so rasch, mein Suschen? Du rechts, der Graf links! Was hat es da gegeben?

Susanne. Ein Vorspiel zu deinem Prozeß. Vertheidige dich noch, wenn du Lust hast. Nöthig ist es nicht. Du hast bereits gewonnen. (Läuft rechts ab.)

Figaro (ihr nacheilend). Erkläre mir....

Graf (der bei Figaro's Worten umgekehrt war und gelauscht hatte). »Du hast gewonnen!« Also wiederum eine Falle! Nun aber auch keine Gnade, keine Schwäche mehr! Ein gutes, festes, rechtskräftiges Urtheil soll mich an den unermüdlichen Ränkeschmieden rächen. ...Aber, wenn Figaro seine Schuld an Marzellinen zahlte? ...Womit? ...Wenn er doch zahlte? ...Halt! Mir bleibt Antonio, Susannens Oheim. Der Narr ist hoffährtig wie ein Pfau. Nie wird er zugeben, daß seine Nichte einen Menschen ohne Familie, einen Figaro zum Manne nimmt. Stecken wir uns hinter den Ahnenstolz unseres Herrn Schloßgärtners. Im Krieg und in der Liebe gilt jede List. (Geht ab.)

Bartholo. Marzelline. Friedensrichter.

Marzelline. Herr Friedensrichter, hören Sie meine Sache an.

Friedensrichter (im Talar, stammelnd). Gu-u-gut. Sprechen wir mü-mündlich darüber.

Bartholo. Es ist ein vollständiges Eheversprechen.

Marzelline. Und eine Schuldverschreibung dazu.

Friedensrichter. Verstehe: Eheverschreibung, Schuldversprechen, et cae-ae-aetera!

Marzelline. Nichts da von et cae-ae-aetera.

Friedensrichter. Verstehe! Ihr ha-a-abt das Geld.

Marzelline. Nicht doch; ich hab' es hergeliehen.

Friedensrichter. Und wollt es wiederhaben? Verst-ehe!

Marzelline. Keineswegs; ich verlange Erfüllung des Eheversprechens.

Friedensrichter. Bekla-a-agter will Euch hei-ei-rathen Verst-ehe!

Marzelline. Das will er eben nicht. Daher der ganze Prozeß.

Friedensrichter. Verstehe! Als ob ich euren Pro-o-zeß nicht verstünde!

Marzelline (zu Bartholo). Ist das ein Richter?

Friedensrichter. Freilich bin ich ein Rich-ichter; wozu hätt' ich sonst meine Stel-lelle gekauft?

Marzelline (seufzend). Welch ein Mißbrauch, solche Stellen zu verkaufen!

Friedensrichter. Mir wär's auch lieber, wenn man sie umsonst gä-äbe! Gegen wen kla-a-aget Ihr?

Achter Auftritt.

Vorige. Figaro.

Marzelline. Da kommt der Beklagte.

Figaro (sehr heiter, zu Marzelline). Ich bin Euch vielleicht im Wege? – Herr Friedensrichter, der Herr Graf wird sogleich erscheinen.

Friedensrichter. Ich habe den Bu-u-rschen schon irgendwo gesehen.

Figaro. In Sevilla, bei Ihrer Frau Gemahlin, aufzuwarten, Herr Richter.

Friedensrichter. Um we-we-welche Zeit?

Figaro. Fast ein Jahr vor der Geburt Ihres jüngsten Herrn Sohns, der, ohne Ruhm zu melden, ein sehr hübsches Kind ist.

Friedensrichter. Mein hü..hü..hübschestes. Man sa..agt, du machst hier wieder du-du-dumme Streiche?

Figaro. Herr Richter...

Friedensrichter. Ha..abt Ihr meinen Gerichtsschreiber nicht gesehn?

Figaro. Nur zu oft, in seinen Termin- und Kosten-Zetteln.

Friedensrichter. Bei Gericht muß Alles in O..O..Ordnung sein.

Figaro. Und die Ordnung ist: der Prozeß gehört den Parteien, die Kosten dem Gericht.

Friedensrichter. Nicht ü..ü..übel. Nun, da du ein erfa..fa..fahrener Bursch bist, wollen wir deine Sa..Sa.. Sache gut behan..handeln.

Figaro. Ich verlasse mich ganz auf Ihre Gerechtigkeit, obwohl Sie Friedensrichter sind.

Friedensrichter. Wie? ... Freilich bin ich Friedensrichter.

Figaro. Es handelt sich nur um eine Schuld.

Friedensrichter. Die Ihr nicht bezahlen wo-o-ollt?

Figaro. Ganz recht, Herr Richter. Der Fall ist einfach. Ich bin schuldig. Aber ich bezahle nicht. Folglich ist's ebenso, als ob ich nichts schuldig wäre.

Friedensrichter. Sehr rich-ichtig.

Neunter Auftritt.

Vorige. (Durch die Mitte, nachdem der Vorhang von dem Gerichtsdiener aufgeschlagen worden, treten ein:) Graf, Gerichtsschreiber, zwei Advokaten, ein zweiter Gerichtsdiener. (Wenn sie eingetreten sind, werden die Schranken geschlossen, hinter denen sich aufstellt:) Antonio, Dienerschaft, Landleute.

Gerichtsdiener (den Stab erhebend). Seine Excellenz, der Herr Graf Almaviva, oberster Erb-, Lehn- und Gerichtsherr! (Der Graf nimmt seinen Platz auf dem Lehnstuhl unter dem Baldachin ein. Unter ihm der Friedensrichter. Gerichtsschreiber und Advokaten an einer, mit Akten und Schreibzeug bedeckten Tafel. Bartholo und Marzelline treten rechts, Figaro links, die Gerichtsdiener zu beiden Seiten der Schranken. Im Volk Bewegung.)

Graf. Im Talar, Herr Friedensrichter? Es handelt sich nur um einen häuslichen Streit. Das gewöhnliche Kleid wäre genug gewesen.

Friedensrichter. Ex...Ex...Excellenz sind zu gnädig. Aber ich gehe niemals ohne Ta..la..lar. Wegen der Form, wissen Sie. Mancher la..lacht über den Richter im kurzen Ro..Rock, der beim blo..bloßen Anblick des Talars zi..zittert. Die Form, die Fo..Fo..Form.

Graf. Der Gerichtstag beginne!

Friedensrichter. Schrei...Schrei...Schreiber, verlest die Sachen.

Schreiber (aus den Akten lesend). Der hoch-, hochwohl- und wohlgeborene Herr, Dom Pedro, Georgio, Hidalgo de los altos y fieros Montes y otros Montes, wider Alonzo Calderon, jungen Theaterdichter. Es handelt sich um ein durchgefallenes Lustspiel, das Keiner verfaßt haben will und Jeder auf den Anderen schiebt.

Graf. Sie haben Beide Recht. Man weise die Klage ab. Wenn sie wieder zusammenarbeiten, soll, damit ihr Werk Glück mache in der großen Welt, der Edelmann seinen Namen, der Dichter sein Talent dazu hergeben.

Schreiber (aus einem zweiten Aktenstück). Andreo Petruchio, Taglöhner, gegen den Steuereinnehmer, wegen willkürlicher Schätzung.

Graf. Die Sache gehört nicht vor meinen Stuhl. Ich diene meinen Leuten besser, wenn ich sie beim König beschütze. Fortzufahren.

Schreiber (ein drittes Aktenstück vornehmend). Barbara, Hagar, Magdalena, Nicolina Marzellina, ledig und volljährig (Marzelline knixt) gegen Figaro ...Taufname offen gelassen.

Figaro. Anonymus.

Friedensrichter. Anonymus – was für ein Hei-heiliger ist das?

Figaro. Der meinige!

Schreiber (aufzeichnend). Gegen Anonymus Figaro. Stand?

Figaro (stolz). Edelmann!

Graf. Edelmann?

Figaro. Wenn es des Himmels Wille gewesen wäre, könnte ich der Sohn eines Fürsten sein. (Gelächter unter den Zuhörern.)

Graf (achselzuckend). Fahrt fort!

Gerichtsdiener. Stille vor Gericht!

Schreiber (lesend). Besagte Marzelline, als Klägerin, thut und erhebt, auf Grund eines schriftlichen Eheversprechens, Einsprache gegen die anderweite Verehelichung des Beklagten, besagten Figaro's. Die Klägerin vertritt Medizinae Doktor Bartholo aus Sevilla, während Beklagter seine Sache selbst führen wird, wenn der Gerichtshof solches erlaubt, gegen den Gebrauch.

Figaro (sich erhebend). Der Gebrauch ist häufig nur ein Mißbrauch. Eine nur einiger Maßen gebildete Partei kennt ihre Sache besser als gewisse Advokaten, welche unter kaltem Schweiß, mit vielem Geschrei, Alles wissend, nur die Sache nicht, ohne Bedenken ihren Klienten zu Grunde richten, die Zuhörer langweilen, die Richter einschläfern und hernach so stolz sich aufblasen, als hätten sie eine ciceronianische Rede verfaßt. Ich werde in wenig Worten die Sache klar machen. Meine Herren...

Schreiber (unterbrechend). Ihr seid nicht Kläger, sondern habt als Beklagter nur zur Verteidigung das Wort. Treten Sie vor, Herr Doktor, und lesen Sie das Versprechen.

Bartholo. Es ist bündig.

Friedensrichter. Man hö..höre es an. Stille vor Gericht!

Bartholo (sehr umständlich, seine Brille abwischend und aufsetzend). »Ich Endesunterzeichneter bekenne hiermit von Dame Marzelline die Summe von zweitausend Piastern als baares Darlehen empfangen zu haben. Diese Summe werde ich ihr auf ihr Verlangen jeder Zeit zurückzahlen und statt der Zinsen aus Erkenntlichkeit sie heirathen.« Gezeichnet: Figaro. – Unser Antrag geht auf Zahlung der Summe nebst Kosten und auf Erfüllung des Eheversprechens. (Er räuspert sich und fährt im Rednertone fort.) Meine Herren! Seit dem Urtheil Salomonis des Weisen ward kein interessanterer Rechtsfall vor keinem Gerichtshofe der Welt verhandelt. Eheversprechungen kannten bereits die Alten: der große Alexander versprach die Ehe der schönen Thalestris ...

Graf (fällt ungeduldig ein). Bevor wir so weit zurückgehen, äußere sich Beklagter, ob er seinen Schein anerkennt?

Friedensrichter. Beklagter, was popo-propo-oppo-poniret Ihr gegen euren Schein?

Figaro. Daß er aus Versehen oder absichtlich falsch gelesen worden ist. Es heißt darin nicht: Diese Summe werde ich zurückzahlen, und sie heirathen; sondern es lautet: diese Summe werde ich zurückzahlen, oder aus Erkenntlichkeit sie heirathen. Ein kleiner Unterschied, sollt' ich meinen. (Bewegung unter dem Volk.)

Graf. Was steht im Schein?

Bartholo. Und!

Figaro. Oder!

Friedensrichter. Und oder – oder. Oder – und – und – oder. (Gelächter.) Ruft Still-ille vor Gericht. Gerichtsdiener. Still-ille vor Gericht.

Graf. Schreiber, überzeug' Er sich selbst.

Schreiber (dem Bartholo das Papier überreicht, liest anfangs murmelnd, abgebrochen). »Endesunterzeichneter ....zweitausend Piaster ....bares Darlehen.« Aha! Diese Summe werde ich ihr auf ihr Verlangen jeder Zeit zurückzahlen (hält das Papier nah vor's Auge) und ... oder ...Das Wort ist undeutlich. Es ist ein Klax darauf.

Friedensrichter. Man zeige mir den Kla-a-ax!

(Friedensrichter, Advokaten, Schreiber stecken alle die Nasen in das Papier und flüstern mit einander.)

Bartholo. Wir behaupten, daß es die **conjunctio copulativa** Und ist. Wonach Beklagter mit der Klägerin sich kopuliren zu lassen gemüßigt sein dürfte.

Figaro (in gleich pedantischem Tone). Wir repliziren, daß es **conjunctio advesativa** Oder sei, so daß Klägerin entweder bezahlt oder geheirathet werden wird. Ist er Pedant, so bin ich es doppelt; spricht er Latein, so rede ich Griechisch. Ich vernichte ihn.

Graf. Wie ist der Fall zu beurtheilen?

Bartholo. Um zu Ende zu kommen und nicht Silben zu stechen, acceptiren wir: es heiße »Oder«,

Figaro. Ich bitte, dies zu Protokoll zu nehmen.

Bartholo. Wir stimmen bei. Eine so erbärmliche Ausflucht wird Beklagten nicht retten. Prüfen wir die Schrift, wenn »oder« darinnen steht. (Er liest) »Die Summe...werde ich ihr zurückzahlen, oder sie heirathen.« Das ist, als wenn in einem Recepte geschrieben stünde: Patient wird zwei Gran Rhabarber einnehmen, oder eine halbe Unze Sennes. Eins von beiden muß er nehmen, um gesund zu werden.

Figaro. Keineswegs. Das Beispiel steht so: Entweder die Krankheit wird den Patienten umbringen, oder der Arzt mit seinen Mitteln. Ein reiner Gegensatz. Nur eines Todes kann er sterben. So auch in meinem Falle: Entweder ich zahle, oder ich heirathe. Beides ist nicht zu verlangen.

Bartholo (heftig werdend). Schöne Zahlung, das.

Schreiber. Stille vor Gericht.

Bartholo. Das nennt solch ein Schurke seine Schulden bezahlen.

Figaro. Führt der Herr Vertheidiger seine eigene Sache?

Bartholo. Ich vertrete Dame Marzelline.

Figaro. So reden Sie Unsinn, so viel Sie wollen, aber keine Beleidigungen. Als man, aus Besorgniß vor der Leidenschaftlichkeit der Parteien, vor Gericht Vertheidiger und Sachwalter zuließ, wollte man ihnen nicht das Recht ertheilen, ungestraft zu beleidigen. Das heißt, die edelste Anstalt herabwürdigen.

(Die Richter haben inzwischen insgeheim unter sich berathen)

Antonio (auf sie hindeutend, zu Marzelline). Was haben denn die mit einander zu zischeln?

Marzelline. Der oberste Gerichtsherr ist bestochen worden, er besticht den Friedensrichter, dieser die Uebrigen, und ich verliere den Prozeß.

Bartholo (für sich, murrend). Das fürchte ich.

Figaro (heiter). Muth, Marzelline.

Schreiber (gegen Marzelline gewendet). Das ist zu stark; ich zeige Sie an und verlange zur Ehre des Gerichtshofes, daß diese Sache vor der andern verhandelt werde.

Graf. Nicht so, Schreiber. Ich spreche nicht, wo es eine persönliche Beleidigung gegen mich gilt. Ein spanischer Richter ist kein türkischer. Genug an den anderen Mißbräuchen. Um nicht selbst einen weiteren zu begehen, werde ich mein Erkenntniß motiviren; der Richter, welcher das nicht thut, ist ein Feind der Gesetze. Was kann Klägerin verlangen? Heirath, wenn nicht Bezahlung. Beides zumal ist ausgeschlossen.

Schreiber. Stille vor Gericht.

Graf. Wie erwidert Beklagter? Daß er nicht heirathen will. Dies ist ihm gestattet.

Figaro (erfreut). Ich gewinne.

Graf. Aber da sein Versprechen sagt: »welche Summe ich zurückzahlen oder sie heirathen werde«, so verurtheilt der Gerichtshof Beklagten, der Klägerin zweitausend Piaster zu zahlen, oder sie zu heirathen, und das noch am heutigen Tage. Von Rechtswegen.

(Er steht auf.)

Figaro (erstarrt). Ich habe verloren.

Antonio (frohlockend). Ein treffliches Urtheil.

Figaro. Warum trefflich?

Antonio. Weil du nun meine Nichte doch nicht kriegst. Schön' Dank, Excellenz.

Gerichtsschreiber. Das Gericht ist geschlossen.

Antonio. Das Alles erzähle ich Susannen. (Ab.)

(Die Zuhörer gehen allmählig ab, ebenso die Gerichtspersonen, bis auf den Friedensrichter. Die Uebrigen kommen wieder in den Vordergrund.)

Graf. Marzelline. Bartholo. Figaro. Friedensrichter.

Marzelline (in einen Sessel sinkend). Mir fällt ein Stein vom Herzen.

Figaro (auf der anderen Seite der Bühne sich ebenfalls setzend). Mir ein Fels auf die Brust.

Graf (in der Mitte unmuthig auf- und abgehend, für sich). Ich bin wenigstens geröcht, das ist mein Trost.

Figaro. Wo bleibt Basilio's Einsprache gegen Marzellinens Ehe? Er läßt sich nicht wieder blicken. (Zum Grafen, der abgehen will.) Excellenz verlassen uns?

Graf. Das Urtheil ist gefällt.

Figaro. Der Dickbauch von Friedensrichter ist an allem Schuld.

Friedensrichter. Ich ein Di-Di-Dickbauch!?

Figaro (aufspringend). Excellenz, ich heirathe sie doch nicht.

Graf. Du kennst den Urteilsspruch.

Figaro. Ohne die Einwilligung meiner höchst edlen Aeltern darf ich nicht heirathen.

Bartholo. So nennt sie doch, zeigt sie doch, eure höchst edlen Aeltern.

Figaro. Ich suche sie seit fünfzehn Jahren. Man gönne mir noch vierundzwanzig Stunden, sie zu finden.

Bartholo. Eitler Geck! Was werdet Ihr anders sein, als ein Findelkind?

Figaro. Nicht doch, kein gefundenes, sondern ein verlorenes, ein geraubtes Kind.

Graf. Beweise!

Figaro. Die kostbaren gestickten Windeln, in denen ich gefunden ward; ein Spitzenhäub-chen; eine goldene Kinderklapper; und mehr als das, ein geätztes Zeichen auf meinem Arm, beweisen, mit welcher Sorgfalt ich gezeichnet ward, um nicht verwechselt zu werden

Marzelline (aufmerksam werdend). Ein Zeichen auf eurem rechten Arm?

Figaro. Auf dem rechten Vorderarm ... (Er will den Aermel aufstreifen.)

Marzelline (hastig einfallend). Eine Rose?

Figaro. Woher wißt Ihr das?

Marzelline. Himmel! Er ist's!

Figaro. Freilich bin ich's!

Bartholo. Wer? Er?

Marzelline. Emanuel!

Bartholo. Zigeuner stahlen dich?

Figaro. Ganz nah bei einem Schloß. O Doktor, wenn Ihr mich meiner edlen Familie zurück-gebt, werden mich meine Aeltern mit Gold aufwiegen.

Bartholo. Da steht deine Mutter. (Er zeigt auf Marzelline.)

Figaro (zurückweichend.) Pflegemutter?

Bartholo. Leibliche Mutter!

Marzelline. Da steht dein Vater. (Sie zeigt auf Bartholo.)

Figaro. O weh, o weh!

Marzelline. Hat es dir die Stimme der Natur nicht hundert Male zugerufen?

Figaro. Nicht ein Sterbenswort!

Graf (halblaut.) Marzelline seine Mutter!

Friedensrichter. Nun hei-hei-heirathet er sie nicht, das ist kla-klar.

Bartholo. Ich aber auch nicht!

Marzelline (leidenschaftlich). Du auch nicht? Und unser Sohn? Und deine Schwüre?

Bartholo. Thorheit! Wenn dergleichen Versprechungen bindend wären, müßte man hundert Male heirathen.

Friedensrichter. Oder ga-ga-gar nicht, wenn's Einer genau nimmt.

Bartholo. Nach solchen Fehlern, nach einer so zweideutigen Vergangenheit...

Marzelline (immer heftiger). Ich will meine Fehler nicht läugnen; der heutige Tag hat sie zu gut bewiesen. Aber wie hart ist es doch, nach dreißig Jahren der Besserung sie büßen zu sollen!

Ich war zur Tugend geboren und übte sie, sobald ich zur Vernunft und zur Freiheit gelangte. Aber was kann ein junges Mädchen, unerfahren, voll Wünsche und Täuschungen, vom Elend bedroht, von Verführern umgeben, ihnen für Widerstand leisten? Wohl Mancher verurtheilt uns, der im Leben ein Dutzend von uns unglücklich gemacht hat.

Figaro. Die Schuldigsten pflegen die Strengsten zu sein.

Marzelline. Undankbare Männer, die ihr das Spielzeug eurer Leidenschaften, euere Opfer noch obendrein verachtet! euch sollte man für unsere Jugendsünden bestrafen, euch und die ganze gesellschaftliche Einrichtung, die uns durch ihre Nachlässigkeit und Ungerechtigkeit ohne jedes anständige Mittel der Selbsterhaltung läßt. Frauen haben ein Recht auf Arbeit. Nur sie sollten für Frauen arbeiten dürfen, und unsere Gesellschaft erzieht Tausende von Frauenschneidern und Putzmachern.

Figaro. Sogar Soldaten hält man zum Stricken an.

Marzelline. Selbst in den höchsten Ständen genießt die Frau nur eine geheuchelte Achtung, zum Schein gehätschelt, in Wahrheit geknechtet, als unmündig in ihrem Vermögen angesehen, als volljährig nur in der Zurechnungsfähigst ihrer Fehler. In jeder Hinsicht ist die Stellung, die der Mann dem Weibe macht, eine verächtliche oder bemitleidenswerthe.

Figaro. Sie hat Recht.

Graf (für sich). Nur zu sehr Recht.

Friedensrichter. Ga-ga-ganz Recht hat sie.

Marzelline. Doch, mein Sohn, was verschlägt uns die Weigerung eines ungerechten Mannes? Sieh nicht zurück, woher du kommst, sondern vorwärts, wohin du gehst; nur darauf kommt es an im Leben. In wenig Monaten wird deine Braut unabhängig. Sie nimmt dich, ich stehe dafür. Lebe mit einer Gattin, einer Mutter, die wetteifernd dich lieben werden. Sei nachsichtig mit ihnen, glücklich für dich, frei, heiter und brav mit aller Welt, – dann fehlt deiner Mutter nichts zu ihrem vollen Glück.

Figaro. Goldene Regeln, Mama, die ich befolgen werde. Ist man nicht ein Narr? Seit tausend und aber tausend Jahren dreht sich die Welt, und ich soll in diesem Wirbel nach einer kurzen Spanne Zeit herlaufen, die ich verloren habe, ohne zu wissen, von wem ich abstamme? Ein Thor, wer darum sich kümmert! Sein Leben in Sorgen verlieren, heißt noch auf den Strang drücken, wie die unglücklichen Pferde thun, welche ein Schiff stromaufwärts ziehen, Lastthiere, auch wenn sie ruhen. Wir wollen's in Geduld abwarten.

Graf. Ein unbequemer Querstrich in meiner Rechnung.

Friedensrichter (zu Figaro). Wo bleibt aber der A-A-Adel und das Schloß? Lü-Lügen vor der Justiz!

Figaro. Schöne Justiz, die mich um's Haar gezwungen hätte, meine Mutter zu heirathen, nachdem ich vor Jahr und Tag wegen einhundert lumpiger Thaler meinen Vater schier umgebracht hätte. Da nun der Himmel meine Tugend vor so schweren Sünden bewahrt hat, so verzeihen Sie mir, Herr Vater, und du, Mama, umarme mich, – so mütterlich wie möglich. (Marzelline fliegt in seine Arme)

Eilfter Auftritt.

Vorige. Susanne. Antonio.

Susanne (eine Börse in der Hand, herbeieilend). Halten Sie ein, gnädiger Herr! Die Heirath findet nicht statt; ich zahle Marzellinen mit der Mitgift, welche die Frau Gräfin mir geschenkt.

Graf (in vollem Zorn abgehend). Muß auch sie sich noch hineinmischen! Die ganze Hölle ist gegen mich verschworen.

Antonio (auf die Umarmung zeigend, die Susanne bisher nicht bemerkt). Sieh da, sieh da, du kannst dein Geld sparen; er zahlt schon selber.

Susanne (sich abwendend). Ich sah genug. Gehen wir, Oheim!

Figaro (sie aufhaltend). Was sahst du?

Susanne. Meine Thorheit, deine Schlechtigkeit.

Figaro. Weder eines, noch das andere!

Susanne. Heirathest du sie etwan nicht, da du sie so zärtlich umarmst?

Figaro. Ich umarme sie und heirathe sie doch nicht.

Susanne. Und ich, ich heirathe dich auch nicht, aber – ich prügle dich (gibt ihm einen Backenstreich).

Figaro (sich die Wange reibend). Das nenn' ich eine Liebe! Aber Suschen, höre doch! Ehe du fortläufst, sieh dir diese wackere Frau doch einmal ordentlich an.

Susanne (Marzellinen messend). Ich sehe sie an.

Figaro. Wie findest du sie?

Susanne. Abscheulich.

Figaro. Es lebe die Eifersucht; sie schmeichelt nicht!

Marzelline (die Arme ausbreitend). Komm auch du in meine Arme, liebes Suschen! Der Bösewicht, der dich so plagt, ist – mein Sohn!

Susanne. Er? ihr – du, seine Mutter! (Sie fällt in Marzellinens Arme.)

Antonio. Und erst eben ist sie…

Figaro (einfallend.) Meine Mutter geworden, ja!

Marzelline. Ach mein Herz zog mich längst zu dir, es war die Stimme der Natur, die nur über ihren Grund sich täuschte.

Figaro. Und mein Verstand hielt mich von dir zurück. Aber gehaßt habe ich dich niemals. Hätte ich sonst von dir borgen können?

Marzelline. Nimm deinen Schein zurück. Er sei meine Mitgift. (Reicht ihm das Papier.)

Susanne. Hier eine zweite! (Steckt ihm in die andere Hand eine volle Börse)

Figaro. Dank, Dank!

Marzelline. O meine Kinder, umarmt mich fest und innig. Ihr seid mein ganzes, mein einziges Glück! (Sie weint.) So soll denn der Abend meines armen Lebens noch sich aufklären und mich für eine trübe Vergangenheit schadlos halten.

Figaro. Halt' ein, liebe Mutter, halt' ein. Oder willst du meine Augen im Wasser ihrer ersten Thränen dahinschmelzen sehen? Dem Himmel sei Dank, es sind Freudenthränen. Fast hätte ich mich ihrer geschämt, ich versuchte sie zurückzuhalten. Fahre hin, falsche Scham! Ich will weinen und lachen zugleich; ein Augenblick wie dieser wiederholt sich nicht im Leben. (Er umarmt Susannen und Marzellinen.)

Friedensrichter (sich die Augen mit dem Schnupftuch trocknend). Wie rüh-rüh-rührend! Ich glaube, die Ju-Justiz weint mit!

Figaro (noch in der Umarmung zwischen Susannen und Marzellinen stehend). Schicksal, nun trotz ich dir! Triff mich, wenn du es vermagst, zwischen diesen zwei Herzen.

Antonio. Gemach, gemach, Herr Bartkratzer! Unter anständigen Leuten ist's Sitte, daß erst der Vater heirathet, dann der Sohn.

Bartholo. Ich Vater zu einem solchen Taugenichts? Nimmermehr!

Antonio. Stiefmütterlicher Vater! Wenn das ist, gibt's auch für uns keine Hochzeit nicht!

Susanne. Oheim!

Antonio. Die Tochter meiner Schwester geb' ich nicht her an Einen, der nicht einmal einen Vater hat.

Friedensrichter. Einen Va-a-ater hat natürlich Jedermann, a-a-aber...

Antonio. Aber meine Nichte kriegt der da (auf Figaro deutend) doch nicht. (Er eilt ab.)

Figaro. Sind denn alle Narren der Welt gegen meine Hochzeit losgelassen?

Bartholo. Marzelline. Susanne. Figaro. Friedensrichter.

Bartholo (zu Figaro). Such' dir Jemanden, der dich an Kindesstatt annimmt. (Will ab.)

Marzelline (ihn zurückhaltend). Bartholo, Sie können uns nicht verlassen.

Susanne. Lieber, guter Papa, er ist Ihr Sohn.

Marzelline. Und was für ein hoffnungsvoller Sohn! Wie begabt und wohlgebildet!

Figaro. Und wie wohlfeil! Keinen Heller hab' ich euch gekostet!

Bartholo. Bis auf die hundert Thaler, die er mir abgenommen.

Marzelline (ihm schmeichelnd). Wir wollen dich schön pflegen, Papa!

Susanne (eben so). Dich so lieb haben, Papa!

Bartholo (nachsprechend). Papa, lieber Papa, guter Papa! (Er zieht das Taschentuch.) Am Ende bin ich noch ein größerer Narr, als der Friedensrichter und fange an zu heulen wie er. (Da Marzelline und Susanne ihn hoffend ansehen) Nichts da, noch hab' ich nicht Ja gesagt. (Er blickt umher.) Wo ist der Herr Graf geblieben?

Figaro. Suchen wir ihn auf, um seine Einwilligung zu erzwingen; ein Streich von ihm könnte alles wieder zerstören. Auf, zu ihm! (Figaro, Susanne, Marzelline gehen ab, Bartholo mit, sich fortreißend.)

Friedensrichter (allein). Noch ein größerer Na-Na-Narr als ich? Wie gro-gro-grob! Dergleichen denkt man wohl, aber man sa.. sa.. sagt's nicht!

(Der Vorhang fällt.)

Vierter Aufzug.

Große Gallerie im Schlosse, mit Blumengewinden, Kandelabern und Teppichen festlich aufge-
putzt. Im Vordergrunde rechts ein Tisch mit Schreibzeug und zwei Armsessel.

Erster Auftritt.

Figaro Susanne.

Figaro (Susannen umfaßt haltend). Bist du nun zufrieden, Liebchen? Meine neue Mama hat den Doktor wirklich zu überreden gewußt, daß er sie heirathet. Dein bärbeißiger Herr Oheim ist dadurch gezähmt und das letzte Hinderniß unserer Verbindung aus dem Wege geräumt. Mag der Herr Graf schmollen, mag er sich wehren, wie er will. Wir sind vor Nacht noch ein glückliches Paar!

Susanne. Wie wunderlich das alles sich gefügt hat; wie so ganz anders, als dieser große Schlaukopf (auf Figaro's Stirn pochend) es sich vorher ausgedacht hatte!

Figaro (sentenziös, mit komischer Feierlichkeit). Kind, der schlaueste von allen Schlauköpfen ist der Zufall. Wir Staatsmänner haben gut Plane schmieden, oder auch Ränke, unter Umständen selbst Lügen; der Zufall nimmt uns lächelnd die Zügel aus der Hand und führt uns wie er will, – uns alle, vom Herrscher und Eroberer an, bis herab zum blinden Bettler, der sich von einem Hunde führen lassen muß. Was aber den Haupt- und Stockblinden angeht, den kleinen, schlimmen, schlauen Liebesgott: bei dem werde ich Hunde- und Führerstelle vertreten und ihn nirgends anders hinleiten, als an die Thür meiner Susanne.

Susanne. Ist das nicht auch eine deiner zahlreichen Staats- und Nothlügen?

Figaro (betheuernd). Die reine, die wahre Wahrheit.

Susanne. Als ob es eine andere als die wahre Wahrheit gäbe, du Schelm!

Figaro (wie oben). Laß dich belehren, unerfahrenes Wesen! So wie es Thorheiten giebt, welche mit der Zeit zu Weisheitssätzen werden, und Lügen, aus denen große Wahrheiten hervorgehen, so giebt es umgekehrt auch Wahrheiten, die sich im Laufe der Jahre zu dicken, dummen Lügen verwandeln. Zu geschweigen von jenen Wahrheiten, die Niemand auszusprechen wagt und von anderen, die Niemand glaubt, weder derjenige, der sie ausgiebt, noch wer sie einnimmt. Zum Exempel: Du trittst in einen Laden, einzukaufen. (Nachahmend.) »Mademoiselle, ich versichere, daß dies mein genauester Preis ist«, oder: »Mademoiselle, unser Geschäft hat nur feste Preise.« Das ist eine unwahre Wahrheit, denn nach fünf Minuten Handelns wirft er dir die Waare um die Hälfte nach. – Ein Bittsteller wird von einem großen Herrn entlassen: (Wie oben.) »Sein Sie überzeugt, daß ich mich Ihrer Verdienste und Ihrer Wünsche stets erinnern werde.« Wiederum eine Wahrheit, an welche weder der seufzende Supplikant, noch der lispelnde Gönner glaubt. – Oder endlich: Ein schmucker Kavalier ersucht ein niedliches Kammerkätzchen um ein stilles Stelldichein, im Garten, bei Mondenschein. Ach, er bittet so schön, so inständig, wo er doch befehlen könnte, der gute gnädige Herr, daß dem armen Kätzchen nichts übrig bleibt, als »Miau«, das heißt Ja, zu sagen. Aber das Kätzchen geht doch nicht, (dringend) nicht wahr: es geht nicht?!

Susanne. Gewiß nicht, wenn du es nicht mehr willst. Und sei überzeugt, daß das Wegbleiben mir weniger unangenehm ist, als das Versprechen zu kommen gewesen.

Figaro. Die wahre Wahrheit?

Susanne. Ich kenne nicht so viele Wahrheiten wie ihr Herren Staatsmänner. Für mich giebt es nur eine, und die heißt: Ich werde meinem lieben Mann treu bleiben mein Leben lang.

Figaro (sie umarmend). O du Ausbund, du Ausnahme von allen Weibern, – wenn du Wort hältst, nämlich.

Zweiter Auftritt.

Vorige. Gräfin.

Gräfin (eintretend). Dacht' ich's doch. Wo unser Pärlein auch sein mag, bei einander ist's immer. Aber, Figaro, man erwartet dich. Deine Hochzeitsgäste werden ungeduldig.

Figaro (indem er mit Susannen abgehen will). Es ist wahr, ich habe mich vergessen; aber ich werde unseren Freunden meine Entschuldigung zeigen.

Gräfin (Susannen zurückhaltend). Sie folgt dir sogleich.

(Figaro ab.)

Dritter Auftritt.

Gräfin. Susanne.

Gräfin. Hast du alles bereit, was zu unserem Kleidertausch gehört?

Susanne (zögernd). Verzeihung, gnädige Gräfin, wenn ich auf den Scherz nicht eingehe.

Gräfin (erstaunt). Du bist anderen Sinnes geworden?

Susanne. Figaro wünscht nicht....

Gräfin (heftig einfallend). Figaro ist der Mann nicht, der eine Mitgift ausläßt. Du hintergehst mich.

Susanne. Gnädige Frau könnten glauben...

Gräfin (wie oben). Daß du Ernst aus dem Scherz machen willst und dich wirklich mit dem Grafen verständigt hast. Ich durchschaue dich. Es ist gut. (Sie will abgehen.)

Susanne (ihr zu Füßen fallend). Bei Allem, was mir heilig ist, gnädige Gräfin, Sie thun mir unrecht und weh. Wie könnte ich nach Ihren zahllosen Wohlthaten, nachdem Sie noch heute so reich und großmüthig mich beschenkt haben, im Stande sein, mit Ihrem und meinem eigenen Glück freventlich zu spielen?

Gräfin (erhebt sie, indem sie sie auf die Stirn küßt). Vergieb mir, Susanne, meine treue, meine einzige Freundin. Deine plötzliche Weigerung machte mich irr an dir. Du begehst doch auch keine Untreue an Figaro, wenn ich, statt deiner, in den Garten komme. Wann und wo sollte die Zusammenkunft stattfinden?

Susanne. Der Herr Graf sprach von einem Dämmerstündchen im Park.

Gräfin. Wir müssen das genauer bestimmen. (Auf den Tisch rechts zeigend.) Setze dich und schreibe!

Susanne. Wollen die gnädige Gräfin das nicht übernehmen?

Gräfin. Damit der Graf meine Hand erkennt? Sei unbesorgt; ich vertrete Alles, und damit du dich in nichts compromittirst, schreiben wir ohne Adresse.

Susanne (sich setzend). Aber was?

Gräfin (nachsinnend). Ich muß zu Rosinens alten Künsten meine Zuflucht nehmen. Ein Brieflein an Lindoro ....Halt, so geht's. Du schreibst den Anfang einer Romanze von Moratin, für unsern Zweck wie gemacht. Fällt das Blatt dann auch in unrechte Hände, so ist nichts verrathen. (Diktirt:)

> O wie selig ist's zu träumen,
> Unbewacht und unbelauscht,
> Unter den Kastanienbäumen,
> Die der Abendwind durchrauscht.

Susanne. »Unter den Kastanienbäumen«. Das ist die dunkelste Stelle im Park.

Gräfin (weiter diktirend:)

> Luna schläft. Im dunkeln Garten,
> Um der zehnten Stunde Schluß,
> Mag der Liebste mich erwarten,
> Wenn ich sein nicht harren muß.

Susanne. Eine Bestellung in bester Form. Aber womit siegeln?

Gräfin. Mit einer Nadel. Auf die Adresse schreibst du: »Man bittet zum Zeichen der Zustimmung das Siegel zurückzuschicken.«

Susanne (lachend, indem sie schreibt). Allerliebst! »Das Siegel zurückschicken.« Mit diesem Siegel werden wir hoffentlich weniger Noth haben, als mit dem unter des Pagen Patent.

Gräfin (mit schmerzlicher Erinnerung). Armes Kind!

Susanne (suchend). Muß ich gerade jetzt keine Nadel bei mir haben!

Gräfin. Da nimm! (Sie zieht aus ihrem Halstuch eine Nadel, wobei ihr das Band des Pagen entfällt.) Ach, mein Band!

Susanne (das Band aufhebend). Das des kleinen Spitzbuben? Haben gnädige Gräfin es über das Herz bringen können, dem armen Schelm seinen Raub wieder abzunehmen?

Gräfin. Ich hätte es wohl gar um seinen Arm lassen sollen? Gieb her!

Susanne (neckend). Es ist nicht mehr zu brauchen. Sein Blut klebt daran.

Gräfin. Gut genug als Dank für Fanchettens ersten Strauß.

Vierter Auftritt.

Vorige. Fanchette. Cherubin, als Bauernmädchen verkleidet, unter vielen Bauernmädchen. Fanchette (mit einem ländlichen Knix). Allerschönste Frau Gräfin, wir Brautjungfern sind da, um Blumensträuße zu überreichen.

(Knix von allen Bauernmädchen, welche der Gräfin Blumen darreichen.)

Gräfin (das Band hurtig wieder einsteckend). Die herrlichen Blumen. Schade, daß es ihrer so viele sind, daß ich sie nicht alle tragen kann. Auch die hübschen Geberinnen kenne ich nicht alle. (Auf Cherubin deutend.) Wer ist zum Beispiel dies artige Kind, das sich so schüchtern versteckt?

Fanchette (rasch und verlegen). Das ist ... mein Bäschen, ja wohl mein Bäschen, das nur zur Hochzeit herkommt.

Gräfin. Ein reizendes Gesichtchen. Ihrem Strauß als dem einer Fremden werde ich den Vorzug geben. (Sie nimmt den Strauß Cherubins und küßt ihn dankend auf die Stirn.) Sieh nur, Susanne, wie lieblich sie erröthet! Und findest du nicht auch, daß sie eine merkwürdige Aehnlichkeit hat (leise) mit Jemandem? Susanne. Außerordentlich, das ist wahr.

Cherubin (bei Seite, außer sich). Ein Kuß, der mich toll machen könnte.

Fünfter Auftritt.

Vorige. Graf. Antonio.

Antonio (den Grafen hereinziehend). Wenn ich's Euer Ex'lenz aber sage, daß er drunter ist. Bei meiner Tochter Fanchette haben sie ihn angezogen. Seine neue Uniform liegt zu Haus. Da ist sein Hut, den ich aus dem Bündel herausstibitzt habe. (Er hat die Mädchen gemustert, Cherubin erkannt und hervorgezogen und setzt ihm einen kleinen Tressenhut, statt der ländlichen Haube, auf.) Wohl bekomm's, Herr Fähndrich!

Gräfin. Himmel, was ist das?

Antonio. Wer hat nu' Recht?

Graf (mit verhaltenem Zorn). Nun, Frau Gräfin?

Gräfin. Nun, Herr Graf! Ich bin nicht minder erstaunt und noch mehr erzürnt als Sie.

Graf. Jetzt vielleicht, aber heute Morgen?

Gräfin. Ich würde schuldig sein, wollte ich länger läugnen. Ja, er war bei mir. Wir versuchten den Scherz, welchen die Mädchen ausgeführt haben. Darüber kamen Sie zurück. Ihre Leidenschaftlichkeit erschreckte uns so, daß wir Alle den Kopf verloren. Er entsprang durch das Fenster. Meine Verlegenheit haben Sie gesehen.

Graf (streng zu Cherubin). Warum bist du nicht abgereist?

Cherubin (seinen Hut herunterreißend). Zu Befehl, Excellenz!

Graf. Deinen Ungehorsam werde ich bestrafen.

Fanchette (herausplatzend). Ach, gnäd'ger Herr, ich bitt' gar schön. Wissen Sie, wenn mich der gnäd'ge Herr küssen wollen, so sagen Sie doch immer: Fanchette, sagen Sie, wenn du mich lieb hast, so geb' ich dir, was du magst, sagen Sie.

Graf (verlegen). Das hätte ich gesagt?

Fanchette. Na, und wie oft! Wenn Sie nun den Herrn Pagen strafen wollen, so geben Sie ihn mir zum Manne. Dann will ich Sie aber gern haben, gnäd'ger Herr, aber so gern!

Graf (für sich). Bezaubert von einem Pagen!

Gräfin (halblaut zum Grafen). Jetzt ist die Reihe an Ihnen, mein Gemahl. Das verzweifelt naive Geständniß dieses Mädchens beweist, wie viel Grund ich hätte, Ihretwegen unruhig zu sein, während Sie sich um mich immer grundlos beunruhigen.

Graf (nach Fassung ringend, für sich). Bin ich behext, daß heute Alles gegen mich ausgeht?

Sechster Auftritt.

Vorige. Figaro.

Figaro. Excellenz, wenn Sie die Brautjungfern zurückhalten, so ist's mit der Hochzeit und dem Tanz nichts.

Graf (erfreut, Jemanden zu finden, an dem er seinen Zorn auslassen kann). Denkst du mit deinem verstauchten Fuß an's Tanzen?

Figaro (sich die Wade reibend). Er schmerzt wohl noch ein wenig; allein das verschlägt nichts. (Zu den Mädchen.) Vorwärts, Kinder!

Graf (ihn zurückziehend). Ein rechtes Glück, daß du auf die Beete weich fielest.

Figaro. Allerdings, ein Glück,

Antonio (ihn an sich reißend). Und daß du im Springen dich bücktest, he?

Figaro. Der Herr Onkel hätte wohl einen Purzelbaum in der Luft geschlagen?

Antonio. Und derweile galopirte der saubere Herr Page auf der Landstraße gen Sevilla?

Figaro. Galopirte, trabte, was weiß ich?

Graf. Und du hattest sein Patent in der Tasche?

Figaro. Wegen des mangelnden Siegels, freilich. Doch was bedeutet dies Verhör? Es ist die höchste Zeit; kommt, ihr Brautjungfern!

Antonio (Cherubin ihm gegenüberstellend). Was sagt der zukünftige Herr Neffe zu dieser funkel-nagel-neuen Sorte von Jungfern, he?

Figaro. Der Page! (Bei Seite.) Der Henker hole den kleinen Gecken!

Antonio. Kapirst du's jetzt?

Figaro. Was ist da zu kapiren? Ich kapire....

Graf (einfallend). Daß der Page aus dem Fenster sprang. Antonio sah es.

Figaro. Wenn er's gesehen hat, nun, so ist es ja wohl möglich.

Graf. Und du sprangst auch?

Figaro. Warum nicht? Das Springen steckt an. Wo ein Schaf einen Satz macht, folgt die ganze Heerde nach. Er, ich, vielleicht noch ein Dutzend Anderer. Wer möchte Euer Excellenz auch im Zorn begegnen?

Graf. Du wagst es noch ....(Eine Fanfare ländlicher Instrumente hinter der Scene.)

Figaro. Ich wage, um gnädige Entlassung zu bitten. Dies Zeichen bedeutet den Anfang unseres Hochzeitszuges. Susanne, deine Hand! Wer mit will, der folge uns! (Er reißt sich los und Susannen mit fort. Alle folgen bis auf Graf, Gräfin, Cherubin.)

Siebenter Auftritt.

Graf. Gräfin. Cherubin.

Graf (Figaro nachsehend). Giebt's eine größere Keckheit? (Zu Cherubin) Was dich angeht, Duckmäuser, so geh und kleide dich um, sogleich. Und daß ich dir heute nirgends mehr begegne, sonst...

Gräfin. Der Aermste wird sich, so ganz allein während des Festes, langweilen.

Cherubin (feurig). Ich, mich langweilen? Auf meiner Stirn trag ich das höchste Glück der Erde davon. (Er eilt, mit einem glühenden Blick auf die Gräfin, ab.)

Graf. Was meint der Geck mit seinem Glück auf der Stirn?

Gräfin (verlegen sich fächelnd). Doch wohl seinen Uniformshut. Alles Neue beglückt ja die Kinder. (Sie will gehen.)

Graf. Sie bleiben nicht, Gräfin?

Gräfin. Ich bin leidend, wie Sie wissen.

Graf. Nur einen Augenblick, Ihrem Liebling, Susannen, zu Ehren. (Hochzeitsmarsch hinter der Scene.) Da kommt der Zug. Nehmen wir Platz, um ihn zu empfangen. (Er führt die Gräfin in den Vordergrund rechts, wo sich Beide niederlassen.)

Achter Auftritt.

Graf. Gräfin (rechts im Vordergrunde sitzend. Durch die Galerie tritt der Hochzeitszug ein, dessen Musik man schon am Schluß des vorigen Auftritts hinter der Scene gehört:) Musikanten. Feldhüter und Nachtwächter mit Seitengewehr. Die niedere Schloßdienerschaft. Junge Bursche und Mädchen in Festkleidern. Unter letzteren Fanchette und ein anderes Mädchen mit zwei Brautkränzen und Schleiern daran. Antonio, Susannen führend. Figaro, Marzellinen führend. Bartholo, mit einem großen Hochzeitsstrauß. Zum Beschluß älteres Landvolk und höhere Schloßdienerschaft. Der ganze Zug defilirt mit Musik vor dem Grafen und der Gräfin, wobei Fanchette und das andere Mädchen ihre Brautkronen dem Grafen überreichen, der sie auf den Tisch niederlegt. Wenn alle stehen, schweigt die Musik. Antonio führt mit komischer Feierlichkeit Susannen zum Grafen. Sie kniet vor ihm nieder. Der Graf setzt ihr die Brautkrone auf. Während dessen zupft sie ihn am Aermel und zeigt ihm verstohlen das Billet. Er erstaunt, faßt sich, nimmt es ihr ab und steckt es ein. Susanne erhebt sich und macht eine tiefe Verbeugung. Der Graf winkt Figaro. Dieser tritt heran und empfängt Susannen aus des Grafen Händen. Beide küssen dem Grafen und der Gräfin die Hand und kehren auf ihren Platz zurück. Diese pantomimische Handlung wird begleitet von folgendem Chor.

Chor (gesungen:)

> Lobpreise, junge Braut, den guten, gnäd'gen Herrn,
> Der auf sein altes Recht verzichtet hat aus Pflicht;
> Was du ihm schuldig warst, erläßt er frei und gern
> Und raubt es mit Gewalt dem jungen Gatten nicht.

(Tusch am Ende des Chors. Der Graf steht auf, wie um zu danken, und tritt in das Proscenium, um verstohlen das Billet zu lesen. Da er es hervorzieht, sticht er sich in den Finger.)

Graf. Verwünschte Frauen! Ueberall bringen sie ihre Stecknadeln an, sogar als Siegel. (Er wirft die Nadel auf die Erde, liest und küßt das Billet.)

Figaro (der ihn beobachtet hat, zu Susannen und Marzellinen). Seht da! Ein Liebesbrief, den ihm eins der Mädchen im Vorbeigehen zugesteckt hat. Er war mit einer Nadel zugesteckt, die den gnädigen Herrn tüchtig in den Finger gestochen hat.

Graf (die Adresse lesend). Ich soll die Nadel zum Zeichen der Zustimmung zurückschicken. Ja, wo ist sie nur? (Er sucht auf der Erde, findet sie und steckt sie an den Aermel.)

Figaro (wie oben). Von der Geliebten ist uns Alles theuer. Jetzt hebt Excellenz sogar die Stecknadeln sorgsam auf! (Der Graf setzt sich wieder. Figaro führt ihm Marzellinen zu. Im Augenblick, wo Jener dieser die Brautkrone aufsetzen will, beginnt auf's Neue der Chor, reißt jedoch mitten im Satze ab, wenn der Gerichtsschreiber eintritt.)

Neunter Auftritt.

Vorige. Gerichtsschreiber. Friedensrichter. Hinter ihnen: Basilio mit dem Bauernknaben,
     spielend und singend; Landleute folgen, in der äußeren Halle zurückgehalten.

Gerichtsschreiber (zurücksprechend). Niemand herein! Wachen an die Thür!

Graf (aufstehend). Was gibt es?

Friedensrichter. Ba-Ba-silio kommt.

Gerichtsschreiber. Das ganze Dorf hinterdrein, weil er aufspielt und singt.

Graf. Laßt ihn ein, aber ihn allein.

Gräfin. Darf ich mich zurückziehen? (Der Graf verneigt sich.) Susanne folgt mir, aber nur,
um gleich wieder hier zu sein. (Leise zu ihr.) Zur Verkleidung. (Gräfin und Susanne ab.)

Basilio (schon hinter der Scene hörbar, singt:)

> Scheltet nicht auf flüchtige Liebe,
> Die nicht hält, was sie verspricht;
> Wechsel in dem süßen Triebe
> Ist nicht Fehler, sondern Pflicht.
> Wenn Gott Amor sitzen bliebe,
> Hätt' er keine Flügel nicht!
> Nein, dann hätt' er Flügel nicht,
> Flügel hätte Amor nicht.

(Begleitung und Nachspiel auf der Guitarre.)

Figaro (auf Basilio losgehend). Richtig, deswegen hat Amor Flügel auf dem Rücken. Doch
was soll die Musik hier?

Basilio (den Bauernknaben vorführend). Nachdem ich auf des Herrn Grafen Befehl diesen
Jüngling, der zur Gesellschaft gehört, unterhalten habe, verlange ich nun meinerseits vom Herrn
Grafen mein Recht.

Bauernknabe. Unterhalten hat er mich ganz und gar nicht, gnä'ger Herr, mit seinem Ge-
klimper.

Graf. Basilio, was verlangst du?

Basilio. Was mir zukommt, Marzellinens Hand. Ich thue Einsprache gegen ihre Ehe mit
Bartholo.

Figaro (ihm dicht gegenübertretend). Hast du lange keinen Schalksnarren gesehen?

Basilio (ihn anstarrend). Im Augenblick sehe ich einen, in Lebensgröße.

Figaro. Freut mich, daß mein Auge ein so guter Spiegel ist. Nun merk' auf meine Prophezeiung: wagst du es, dieser Dame dich nur zu nähern...

Bartholo (unterbricht ihn lachend). Laß ihn immerhin schwatzen,

Friedensrichter (sie trennend). Zw..Zw..Zwei Fr...Fr...Freunde!

Figaro. Wir – und Freunde!

Basilio. Grober Irrthum!

Figaro. Weil er schlechte Musik macht?

Basilio. Und er noch schlechtere Verse?

Figaro. Kneipen-Fiedler!

Basilio. Zeitungsschreiber!

Figaro. Leierkasten!

Basilio. Depeschenbeutel!

Graf. Ihr werdet unverschämt, alle beide.

Basilio. Vergißt er nicht immer und überall, was man mir schuldig ist?

Figaro. Als ob man ihm etwas schuldig sein könnte.

Basilio. Giebt es doch keinen berühmten Sänger, der nicht durch meine Schule glänzt.

Figaro. Grunzt.

Basilio. Er fängt schon wieder an.

Figaro. Und warum nicht, wenn ich die Wahrheit sage? Bist du ein Prinz, daß man dir schmeicheln müßte? Ertrage also die Wahrheit, da du keine Lüge bezahlen kannst, und wenn du sie hier nicht hören magst, warum störst du unser doppeltes Hochzeitsfest?

Basilio (zu Marzellinen). Habt Ihr mir, Ja oder Nein, versprochen, mich zu heirathen, wenn Ihr in vier Jahren, das ist heuer, noch ledig wäret?

Marzelline. Ich hab' es versprochen, aber unter einer Bedingung.

Basilio. Daß ich einen gewissen, verlorenen Sohn, wenn er sich wiederfände, an Kindesstatt annähme.

Alle. Er hat sich gefunden.

Basilio. Ich adoptire ihn. Man stelle ihn mir vor.

Figaro. Da steht er schon.

Basilio (zurückweichend). Ha, der Teufel!

Friedensrichter. Ihr verzi-zi-zichtet auf seine Mu-Mutter?

Basilio. Was könnte Einem Schlimmeres begegnen, als Vater zu einem solchen Hanswursten heißen?

Figaro (mit einem tiefen Kompliment). Der Sohn einer solchen Vogelscheuche sein!

Basilio. Ich verzichte! Sobald dieser Taugenichts im Spiele ist, ziehe ich mich zurück. (Er eilt zornig ab.)

Bartholo (laut lachend). Hahaha!

Figaro (mit einem Freudensprung). Endlich komme ich zu meiner Frau!

Graf (leise). Und ich zu meinem Stelldichein.

Friedensrichter. A-A-Alles ist zufriedengestellt.

Graf. Man setze beide Eheverträge auf; ich werde unterzeichnen.

Alle. Vivat, der gnäd'g Herr soll leben, hoch! (Der Graf will gehn.)

Antonio. Im Park ist großes Feuerwerk, unter den Kastanienbäumen!

Graf (hastig umkehrend). Was fällt dir ein? Unter den Kastanienbäumen?

Figaro. Was schadet das?

Graf. Aber die Gräfin ist unwohl, verläßt ihr Zimmer nicht und würde vom Feuerwerk nichts sehen. Auf der Terrasse muß es sein, unter ihren Fenstern.

Figaro. Welche Aufmerksamkeit für seine Gemahlin.

Graf (im Abgehen, für sich). Unter den Kastanienbäumen, schöner Einfall. Sie hätten mir mein Dämmerstündlein in Brand gesteckt.

(Alle ab, bis auf Figaro und Marzelline.)

Zehnter Auftritt.

Marzelline. Figaro.

Marzelline. (Figaro zurückhaltend, der auch abgehen will). Ein paar Worte noch, mein Sohn. Ich habe deinem jungen Weibchen ein Unrecht abzubitten. Ich glaubte, sie hielte es insgeheim mit dem Grafen, obgleich Basilio stets versicherte, daß sie alle seine Anträge standhaft abgewiesen.

Figaro. Du kennst deinen Sohn schlecht, Mütterchen, wenn du meinst, er ließe sich täuschen von einem Weibe. Auch die listigste führt mich nicht hinter's Licht.

Marzelline. Die Eifersucht plagt dich also nicht?

Figaro. Was ist Eifersucht? Eine Ausgeburt der Eitelkeit, oder eine Raserei! In diesem Punkte, Mutter, bin ich von einem unerschütterlichen Gleichmuth, – ein praktischer Philosoph. Mein Suschen kann mich auf die Probe stellen. Gelingt es ihr, mich zu betrügen, so sei ihr im Voraus verziehen. (Er gewahrt Fanchetten, die leise eingetreten ist und in der Galerie umhersucht.)

Eilfter Auftritt.

Vorige. Fanchette.

Figaro. Sieh da, mein kleines Bäschen! Behorchst du uns?

Fanchette. Pfui, Herr Vetter, das schickt sich ja nicht.

Figaro. Freilich nicht, aber zuweilen nützt es, und man nimmt das Nützliche statt des Schicklichen.

Fanchette. Aber ich horchte ja gar nicht, ich suchte nur Jemanden.

Figaro. Der nicht hier sein kann, wie du recht gut weißt: Cherubin.

Fanchette. Ach geht doch! Wo der ist, weiß ich am besten. Nein, ich suchte Base Suschen.

Figaro. Und warum?

Fanchette. Euch, Herr Vetter, kann ich's ja sagen. Ich soll ihr was zustecken.

Figaro (aufmerksam werdend). Was denn?

Fanchette. Hähähä, eine Stecknadel.

Figaro. Eine Stecknadel?! Und wer schickt ihr die? – Wär's möglich? – Mädchen, Mädchen, du bist noch so jung und Verstehst dich schon ... (Auf einen Wink Marzellinens besinnt er sich.) Ich meine, verstehst dich schon auf so spitzige, schwierige Bestellungen?

Fanchette. Worüber ärgert sich denn der Herr Vetter?

Figaro. Ich mich ärgern? Kein Gedanke! (Er lacht gezwungen.) Ich weiß ja, was du auszurichten hast. Der Herr Graf schickt die Stecknadel an Susannen und läßt ihr melden ... Sag's einmal her, ob du es auch richtig behalten hast?

Fanchette (mit Wichtigthuerei wiederholend). Dies sei das Siegel von der – Romanze von den Kastanienbäumen ... Und, hat der Herr Graf befohlen, Niemand soll darum wissen.

Figaro. Versteht sich, Niemand. Mußt also auch Niemandem ein Wort sagen, als Susannen, und auch ihr nicht, daß ich davon weiß.

Fanchette. Wo werd' ich denn? Ihr seid ja jetzt so gut wie ihr Mann! Und die Ehemänner dürfen von ihren Frauen nichts wissen. Gelt? (Sie läuft hastig weg.)

Figaro (ingrimmig). Die liebe Unschuld!

Zwölfter Auftritt.

Figaro. Marzelline.

Figaro (nach einer Pause). Nun, Frau Mutter?

Marzelline. Nun, Herr Sohn?

Figaro. Mir ist, als hätte mich der Blitz getroffen, ein Blitz aus heiterem Himmel!

Marzelline (ihn kopirend). »Eifersucht ist entweder eine Raserei oder die Ausgeburt der Eitelkeit!« War's nicht so, mein Herr Philosoph?

Figaro. Man hat gut reden, wenn man nichts davon fühlt. Der kälteste Richter spricht in eigener Sache nicht nach dem Gesetz, sondern nach seinem Herzen. Deshalb, Herr Graf, kein Feuerwerk unter den Kastanienbäumen? Was aber die seine Kammerjungfer mit ihrer Stecknadel angeht, Mutter, so ist sie noch nicht so weit, wie sie glaubt. Noch kann ich zurücktreten, sie verlassen. ...

Marzelline (ihn unterbrechend). Und alles verderben, auf einen bloßen Verdacht hin. Weißt du denn, wen Susanne anführen will, ob dich, oder den Grafen? Ob sie wirklich kommt? Wenn sie kommt, was sie spricht, was thut? Ich hätte dich für ruhiger und vernünftiger gehalten.

Figaro (ihr um den Hals fallend). Du hast Recht, Mutter, wieder Recht, immer Recht. (Auf's neue zweifelnd.) Indeß wollen wir bei aller Vernunft auch dem Herzen einiges Gehör schenken. Wir urtheilen nicht, bevor wir sie gehört, aber hören wollen wir sie. Ich weiß, wo das Stelldichein ist; ich werde dabei sein. Auf Wiedersehen, Mutter. (Er geht hastig ab.)

Marzelline (allein). Auch ich weiß es und werde danach handeln. Nachdem ich ihn beruhigt, wache ich über Susannen; besser noch, ich warne sie. Sie ist ein so reizendes Wesen. Ach, wenn uns Frauen das eigene Interesse nicht gegen einander bewaffnet, sind wir immer bereit zusammenzuhalten, unser unterdrücktes Geschlecht zu vertheidigen gegen das starke, stolze (lächelnd) und doch mitunter so thörichte Männergeschlecht. (Sie geht ab.)

(Der Vorhang fällt.)

Fünfter Aufzug.

Schauplatz: Eine freie Stelle im Park, rings umgeben von hohen Kastanienbäumen. Rechts und links zwei Pavillons, mit verschlossenen Jalousien. Eine Rasenbank zur Seite, im Vordergrunde. Im Hintergrunde eine Lichtung im Park. Die Scene ist dunkel.

Fanchette (allein. Sie schleicht herein, in einer Hand eine Orange und etwas Backwerk, in der andern eine angezündete Papierlaterne). Im Gartenhaus links, hat er gesagt. (Deutend.) Das ist rechts, und das ist links. Also hier. Wenn er am Ende gar nicht käme! Das garstige Volk in der Küche wollte nicht einmal eine Orange und das bischen Backwerk für ihn herausgeben. (Nachahmend.) Für wen soll's, Jungfer? So fragte der grobe Mundkoch. – Für Jemand Gewissen. – Aha, für den lustigen Pagen. – Wenn auch? Soll er etwa Hungers sterben, weil ihn der Herr Graf nicht sehen will? – Die Schande! Mit einem Kuß hab' ich's bezahlen müssen. – Wer weiß, vielleicht giebt ihn Cherubin mir wieder. (Sie bemerkt Figaro, welcher, sie beobachtend, herangeschlichen ist.) Ha, da ist Jemand. (Entflieht in den Pavillon links.)

Zweiter Auftritt.

Figaro (im dunklen Mantel und breitkrämpigen Hut. Etwas hinter ihm, einzeln hereinschleichend:) Basilio. Antonio. Bartholo. Friedensrichter. Dienerschaft. Landleute, theils mit Fackeln.

Figaro (anfangs allein). Es war nur Fanchette. (Den einzeln Ankommenden entgegen.) Guten Tag, ihr Herren. Guten Abend vielmehr. Seid ihr alle da?

Basilio. Alle, wie wir geladen sind.

Figaro. Um welche Zeit ist's?

Antonio (emporblickend). Der Mond sollte schon heraus sein.

Bartholo. Wie siehst du aus? Wie ein Verschworener!

Figaro. Nicht wahr, man hat euch zu einer Hochzeit in's Schloß geladen?

Friedensrichter. Jawohl! Es ist Hoch-Hochzeit!

Figaro. Ihr braucht euch nicht weiter zu bemühen. Hier, (bitter) unter den Kastanienbäumen, werden wir mein züchtiges Bräutchen und unseren guten gnäd'gen Herrn erwarten.

Bartholo (halblaut, erst für sich, dann zu den übrigen). Holla, was fällt mir ein?! Wenn ihr gescheit seid, macht ihr euch aus dem Staube. Es handelt sich um ein Stelldichein. Ich werde euch Alles erklären. (Man beginnt, sich wegzustehlen.)

Friedensrichter. Wir werden spä-ä-äter die Ehre haben.

Figaro. Wenn ihr mich laut rufen hört, eilt Alle herbei. Ich stehe euch für ein ergötzliches Schauspiel.

Bartholo. Vergiß nicht, daß ein kluger Mann sich nicht in das Spiel großer Herren mischt.

Figaro. Ich weiß.

Bartholo. Daß sie alle Trümpfe in der Hand haben.

Figaro. Und falsch spielen, obendrein. Aber ich weiß auch, daß ein Feigling von allen zum Besten gehalten wird.

Bartholo. Richtig.

Figaro. Und daß ich den muthigen Geist meiner Mutter geerbt habe.

Bartholo. Der Bursch hat den Teufel im Leibe.

Friedensrichter. Den leibha-ha-haftigen Teufel.

Basilio (für sich, hämisch). Der Graf und Susanne haben sich ohne mich geeinigt? Ich freue mich auf die Störung.

Figaro (zu den Dienern und Landleuten, deren Nächste er ingrimmig erfaßt). Und ihr, Lümmel, vergeßt nicht hier herum den ganzen Park zu illuminiren. Auf einen Wink von mir muß Alles tageshell, sein. Verstanden?

Alle (durcheinander). Au weh! Ja, ja! Verstanden!

Basilio (im Abgehen). Des Himmels Segen über den glücklichen Bräutigam.

(Alle nach verschiedenen Seiten ab, außer Figaro.)

Figaro (allein).

(Er geht heftig auf und nieder und spricht in düsterem Tone:)

O Weiber, Weiber, Weiber! schwaches, und doch in Ränken so starkes Geschlecht! Falschheit ist deine Natur, Täuschung dein Beruf! – Mir schlug sie ab, hierher zu kommen, als ich sie darum bat; und – ihm gewährt sie es in demselben Augenblick, wo sie mir feierlich ewige Treue schwört! Er lachte, da er das Brieflein las, und ich stand dabei wie ein Dummkopf. (Es schlägt zehn Uhr auf dem Schloßthurm. Er schreit auf.) Zehn Uhr! Ihre Stunde, mein Herr Graf! Aber kommen Sie nur, suchen Sie, – Susannen sollen Sie doch nicht finden! Weil Sie ein großer Herr sind, bilden Sie sich ein, auch ein großer Geist zu sein! Geburt, Reichthum, Stand und Rang machen Sie stolz. Was thaten Sie denn, mein Herr Graf, um so viele Vorzüge zu verdienen? Sie gaben sich die Mühe, auf die Welt zu kommen; das war die einzige Arbeit Ihres ganzen Lebens, dessen übrigen Theil Sie als ein ziemlich gewöhnlicher Mensch verpraßt und verprunkt haben! Ich dagegen, das Findelkind aus dem Volk, habe meinen Weg auf eigenen Füßen machen müssen. Um mein Brod zu verdienen, das harte, trockne Brod, habe ich oft in einem einzigen Tage mehr Verstand gebraucht, als die gesammte Regierung der Königreiche von Spanien und Navarra in hundert Jahren. Und Sie wollen sich mit mir messen?! Sie – mit mir, hahaha! (Indem er lauscht.) Sie kommt … Nicht doch … Niemand. Die Nacht ist pechschwarz, und ich spiele hier die einfältige Rolle des Ehemanns, obgleich ich noch keiner bin. (Er wirft sich auf die Bank.) Giebt es ein seltsameres Geschick als das meinige? Zigeuner stehlen mich, ehe ich von meinen Eltern eine Ahnung habe. Ich entlaufe ihnen, ihres unstäten Vagabundenlebens überdrüssig. Ich suche, strebe, ringe nach einem ehrlichen, anständigen Beruf, und finde alle Wege verschlossen, alle Thüren gesperrt. Mit der Guitarre auf dem Rücken durchwandere ich Spanien, singe maurische Volkslieder auf den Jahrmärkten und heidnische Schelmenstücklein in den Straßen der Städte. In Madrid nimmt der Gesandte des Kaisers von Marocco Anstoß an meiner Kunst; ich habe seinen Glauben verletzt, klagt er, seinen Propheten gehöhnt. Man weist mich aus, – voll Rücksicht und Ehrfurcht für den Sultan, der in seinen Staaten die Christenhunde nach Herzenslust pfählen läßt, ohne daß nur eine Bitte für sie laut zu werden wagt. Weil man den Geist nicht erniedrigen kann, rächt man sich durch Mißhandlungen an ihm. – Die Noth brach herein, ich hungerte, hatte Schulden. Schon sah ich die abscheulichen Gerichtsdiener heranrücken; verzweifelnd raffe ich mich auf. Es war eine Frage an der Tagesordnung: über die Nationalreichthümer, und da man gerade nicht zu haben braucht, worüber man schreibt, schrieb ich, ohne einen Heller in der Tasche, über den Werth des Geldes. Alsbald öffnet sich für mich – das Thor eines Kerkers; ich verliere Hoffnung und Freiheit. (Er springt auf) Hätte ich doch hier einen der Mächtigen des Tages, die so leichtsinnig einen Menschen mißhandeln, der nur die Wahrheit sagt. Müde, mich zu ernähren, wirft man mich endlich hinaus. Ich greife wieder zur Feder, werde Schriftsteller. Man sagte mir, Spanien habe Preßfreiheit und ich könnte, natürlich unter Aufsicht von zwei, drei Censoren, schreiben, was mir beliebte, wenn es nur nicht gegen den Staat wäre, oder gegen den Hof, gegen die Kirche, gegen die guten Sitten und schlechte Beamte, gegen privilegirte Tänzerinnen. …. Um diese kostbare Freiheit zu verwerthen, begründe ich eine Zeitung und nenne sie, damit ich Niemandem Konkurrenz mache: »Unnütze Blätter.« Pah – tausend arme Schlucker stehen gegen mich auf, ich bin wiederum ohne Stelle, ohne Brod. Verzweiflung faßt mich. Man denkt mir ein Amt zu; unglücklicher Weise besitze ich den dafür nöthigen Verstand, erhalte es also nicht. Ein Rechner wurde gesucht, – ein Tänzer angestellt. Mir blieb nur noch übrig zu stehlen: ich ward Spieler, hielt Bank. Darauf – über die ehrlichen Leute – werde ich eingeladen und von Standespersonen aufgenommen, die mir die Hälfte meines Gewinnes abnehmen. Ich hätte es zu etwas bringen können, denn ich begann einzusehen, daß zum Fortkommen in der Welt Wissen weniger nöthig ist, als Manieren. Aber da Alles um mich her vom Raube lebte und doch verlangte, ich sollte ehrlich sein, ging ich abermals zu Grunde. Nun hatte ich's auf Erden satt; zwanzig Fuß Wasser sollten mich erlösen, als ein glücklicher Zufall mich zu meinem ersten Handwerk zurückführte. Ich griff wieder zum

Scheerbeutel, zum Streichriemen, wanderte als Barbier von Ort zu Ort und lebte endlich ohne Sorgen. Ein vornehmer Herr fand und erkannte mich in Sevilla, der Graf Almaviva. Ich verhelfe ihm zu einer Frau, er stiehlt mir dafür die meinige. Darüber Sturm und Wetter. Ich bin dem Abgrund nah, im Begriff, meine eigene Mutter zu heirathen, als mir auf einmal meine Eltern entgegenkommen. Wiederum Zank, Streit, Sturm: er ist es, ich bin es, nein, ja, ja, nein! (Er fällt wieder auf die Bank.) Wunderliches Geschick; warum mir dieses und kein anderes auf das Haupt gefallen? Warum dieses gerade mir? Kaum weiß ich, was mein Ich ist, mit dem ich mich so viel beschäftige: eine formlose Mischung unbekannter Elemente, dann ein kleines, hülfloses Wesen, ein leichtsinniger Knabe, ein lebenslustiger Jüngling, zum Genusse mit allen Kräften drängend, alle Berufsarten aufgreifend, nur um leben zu können, bald Herr und bald Diener, wie es dem Zufall beliebt, ehrgeizig aus Eitelkeit, fleißig aus Noth, aber träge von Natur und mit Wonne! Schönredner bei Gelegenheit, Dichter zur Erholung, Musiker nach Bedarf, Liebhaber aus Laune! Alles habe ich gesehen, gethan, genossen. Jede Täuschung ist geschwunden, ich bin nur zu sehr erwacht. ...O Susanne, Susanne, welche Qualen du mir bereitest! Ich höre Schritte; man kommt. Der entscheidende Augenblick ist da.

(Er zieht sich in die Coulisse zurück.)

Figaro (versteckt). Gräfin (in Susannens Kleidern). Susanne (verkleidet als Gräfin). Marzelline (zwischen Beiden).

Susanne (zu Marzellinen, leise). Sagtest du nicht, Figaro werde hiersein?

Marzelline (leise). Er ist da; nur sachte!

Susanne (wie oben.) Einer ist da, der Zweite wird gleich kommen. Beginnen wir also!

Marzelline (wie oben). Ich verberge mich im Pavillon, um Alles belauschen zu können. (Sie schleicht in den Pavillon links, Fanchetten nach)

Figaro (versteckt). Gräfin. Susanne.

Susanne (absichtlich laut). Gnädige Gräfin finden es kalt?

Gräfin (ebenso). Der Abend ist feucht; ich ziehe mich zurück.

Susanne (wie oben). Ich bitte um Erlaubnis unter diesen Bäumen noch ein wenig frische Luft zu schöpfen.

Gräfin (wie oben). Du wirst dir den Schnupfen holen.

Susanne (wie oben). Unser Eins ist daran gewöhnt.

Figaro (in seinem Versteck, für sich). Die liebe Natur gewöhnt sich an Alles.

(Gräfin bleibt. Susanne versteckt sich, Figaro gerade gegenüber. Pause.)

Sechster Auftritt.

Figaro. Susanne (beide versteckt). Gräfin. Cherubin. Gleich darauf Graf.

Cherubin (in Uniform, kommt trällernd heran). »Mein Rößlein soll mich tragen«....

Gräfin (erschrickt). Der Page!

Cherubin (sie bemerkend). Da ist Jemand! Rasch in meinen Schlupfwinkel, zu Fanchetten. (Er betrachtet die Gräfin näher, unentschlossen, ob er gehen oder bleiben soll.) Wahrhaftig, eine Dame!

Gräfin (für sich). Wenn der Graf jetzt käme.

Cherubin Irre ich nicht, so ist's Susanne. Ihr weißer Schleier schimmert durch die Nacht. (Er schleicht fröhlich näher.) Ja, es ist mein himmlisches Suschen. (Die Hand der Gräfin ergreifend, die sie zurückzieht.) An ihrem weichen Händchen erkenne ich sie, und an dem Klopfen meines Herzens. Fühle, wie es schlägt! (Er drückt ihre Hand an's Herz.)

Gräfin (leise, mit verstellter Stimme). Mach', daß du wegkommst!

Cherubin. Daß ich ein Narr wäre, dich zu verlassen! Dich hat doch nur das Mitleid mit mir hierher geführt.

Gräfin (wie oben). Figaro wird sogleich erscheinen.

Graf (im Auftreten, für sich). Das muß Susanne sein.

Cherubin. Geh' nur! Mit Figaro machst du mir keine Angst. Du wartest auf Jemand ganz Anderen.

Gräfin (wie oben). Wen meinst du?

Cherubin. Den Grafen, der dich hierher zu kommen bat, heute früh, da ich hinter dem Lehnstuhl steckte.

Graf (unbemerkt näher gekommen, zornig für sich). Wiederum der verwünschte Page!

Figaro (für sich). Nun sage man noch, daß man nicht horchen soll!

Susanne (für sich). Kleine Plaudertasche!

Gräfin. Ich beschwöre dich: geh'!

Cherubin. Gewiß nicht, ohne Lohn für meine Enthaltsamkeit.

Gräfin (zurückweichend). Was fällt dir ein?

Cherubin. Ein Kuß für deine eigene Rechnung, und wenigstens ein Dutzend für deine schöne Gebieterin. (Will auf die Gräfin zu.)

Gräfin. Untersteh' dich!

Cherubin. Was ist da viel zu unterstehen? Du vertrittst die Gräfin beim Grafen, und ich den Grafen bei dir. Figaro ist allein der Angeführte, und das zwei Male!

Figaro (für sich). Junger Maulaff!

Susanne (für sich). Pagenstreiche!

Cherubin (verfolgt die Gräfin, die zurückweicht; der Graf tritt dazwischen, Cherubin umarmt und küßt ihn).

Figaro (für sich). Das war ein Kuß, so wahr ich lebe.

Gräfin (im Hintergrunde, vor dem Grafen erschrocken). Wie wird das enden?

Cherubin (für sich, betreten). Das ist nicht Susanne. (Die Kleider des Grafen anfassend.) Der gnädige Herr! (Er schlüpft unter des Grafen Armen durch und entflieht in den Pavillon links, hinter Fanchetten und Marzellinen her.)

Vorige, ohne Cherubin.

Figaro (sich von rechts heranschleichend). Ich muß dazwischen treten.

Graf (der Cherubin noch anwesend glaubt). Einen Kuß wolltest du? Da hast du einen! (Holt aus, trifft Figaro.)

Figaro. Au!

Graf. Soll ich das Dutzend voll machen?

Figaro. (sich die Wange reibend und wieder in sein Versteck schleichend). Das Horchen hat doch auch seine schlimme Seite.

Susanne (lacht in ihrem Versteck links, laut auf). Hahaha!

Graf (der Gräfin sich nähernd, die er für Susannen hält). Hast du einen Begriff von diesem nichtsnutzigen Pagen? Er empfängt von mir eine schallende Ohrfeige und läuft laut lachend fort!

Figaro (für sich). Ihm hat die Ohrfeige freilich nicht weh gethan.

Graf (zur Gräfin). Lassen wir indeß den Jungen laufen! Seine Kindereien sollen unser Dämmerstündchen nicht verderben.

Gräfin (Susannen in Stimme und Sprache nachahmend). Wenn ich nun nicht gekommen wäre?

Graf. War das möglich, nach deinem allerliebsten Briefchen? (Ihre Hand ergreifend.) Du zitterst?

Gräfin. Mir ist so Angst.

Graf. Bei mir, Närrchen? (Er küßt sie.)

Gräfin. Gnäd'ger Herr!

Figaro (für sich). Kuß Numero Zwei!

Susanne (für sich.) Bravissimo!

Graf (die Hand der Gräfin nehmend). Laß mir doch deine feine, süße Hand. Auf mein Wort, sie ist schöner als die der Gräfin.

Gräfin (in ihrem eigenen Tone, aber leise). Was die Einbildung nicht thut!

Graf. Und dieser runde, reizende Arm. Ach, wenn den meine Frau hätte!

Gräfin (in Susannens Ton). Lieben Sie sie denn gar nicht mehr?

Graf. Warum nicht? Ich liebe sie wie man eine Frau liebt, mit der man Jahr und Tag verheirathet ist.

Gräfin. Was vermissen Sie bei ihr?

Graf (sie auf's neue umfassend). Was ich bei dir finde!

Gräfin. Das heißt?

Graf. Ein gewisses Etwas, einen Reiz, eine Würze. …was weiß ich? Siehst du, mein Kind, unsere Frauen glauben genug zu thun, wenn sie uns lieben. Sie lieben uns, – gesetzt, daß sie uns lieben, — in Einem fort, ohne Unterlaß, ohne Veränderung, bis der Mann seines Glückes satt wird und ein wenig Schatten bei so vielem Licht begehrt.

Gräfin (in ihrem eigenen Ton). Die Lehre merk' ich mir.

Graf. Ihre Pflicht wäre es, unsern Geschmack zu studiren und den dauernden Besitz durch einen Wechsel im Genuß zu erhöhen. Wir werben um sie, wir erwerben sie; daß sie uns festhalten, ist ihre Sache. Dies vergessen sie nur zu oft.

Gräfin. Ich gewiß nicht!

Graf. Ich auch nicht!

Figaro (halblaut). Ich auch nicht!

Susanne (halblaut). Ich auch nicht!

Graf. Hier giebt's ein Echo. Reden wir leiser. (Er umschlingt sie.) Dich gehen alle diese guten Lehren nichts an. Mit deinen pikanten Launen, deiner Lebendigkeit wirst du mich ewig fesseln. (Er zieht eine volle Börse und ein kleines Etui hervor.) Susanne! Ein spanischer Edelmann hält immer Wort. Hier ist das Gold, mit dem ich das gewisse Recht mir erkaufen wollte, das du in dieser süßen Stunde mir schenkst. Und da es unbezahlbar ist, laß mich diesen Edelstein hinzufügen, den du zum Andenken an mich tragen wirst.

Gräfin (Börse und Etui einsteckend, mit tiefer Reverenz). Susanne nimmt Alles dankbar an.

Figaro (für sich). Natürlich – Alles!

Susanne (für sich). Das ist ehrlich verdientes Geld.

Graf. Sie nimmt Geschenke an? Um so besser!

Gräfin (nach dem Hintergrunde sehend). Dort nahen Fackeln!

Graf. Dein Hochzeitszug. Treten wir, um ihn vorüber zu lassen, in diesen Pavillon. (Nach rechts deutend.)

Gräfin. Ohne Licht?

Graf (sie sanft fortziehend). Wir lesen ja nicht.

Figaro (für sich, in äußerster Unruhe). Ich glaube wahrlich, sie geht. (Er tritt hervor und räuspert sich.)

Graf (sehr laut). Wer da?!

Figaro (noch lauter). Gut Freund!

Graf. Es ist Figaro! (Er eilt im Hintergrunde ab.)

Gräfin. Ich komme nach! (Sie schlüpft in den Pavillon rechts.)

Achter Auftritt.

Figaro. Gleich darauf Susanne.

Figaro (nachdem er umhergespäht). Sie sind fort. Ich sehe und höre nichts mehr. Folglich müssen sie drinnen sein. Und ich? – Kann draußen Schildwach stehen! (Mit tiefem Grimm) Ueber die albernen Ehemänner, die trotz jahrelanger Aufpasserei nicht hinter die Schliche ihrer bessern Hälften zu kommen vermögen, während ich gleich am ersten Tage weiß, woran ich mit der Meinigen bin. (Lebhaft umhergehend.) Ein wahres Glück, daß ich mir aus ihrer Treulosigkeit nichts mache. Ich habe sie gefangen.

Susanne (langsam auftretend). Sein häßlicher Verdacht verdient Strafe. (Die Gräfin in Stimme und Sprache nachahmend.) Ist da Jemand?

Figaro (außer sich). Jemand, der lieber wo anders wäre.

Susanne. Du bist's, Figaro?

Figaro. Die gnädige Gräfin?

Susanne. Sprich leise!

Figaro. Wissen gnädige Gräfin, wo Excellenz sich befindet?

Susanne. Lassen wir den Treulosen.

Figaro (immer lauter und heftiger). Und wo Susanne ist, meine tugendsame Verlobte? Da drinnen stecken sie, ganz allein, nein doch, alle Zwei, im Dunkeln. Aber es soll Licht werden, furchtbar Licht. Ich rufe Leute.

Susanne (vergißt sich und fällt in ihren eigenen Ton). Das läßt du bleiben.

Figaro (für sich). Das ist ja Susanne. God dam! Sie hat mich angeführt, die Schlaue.

Susanne (wieder im Tone der Gräfin). Wir müssen uns rächen, Figaro!

Figaro (übertrieben, nicht karikirend). Ja wohl, gnädige Frau, rächen wir uns.

Susanne. Aber wie?

Figaro. Es giebt nur ein Mittel, ein echt weibliches.

Susanne (für sich). Der Unverschämte! (Laut.) Aber dies Mittel und diese Rache sind nichts ohne Liebe.

Figaro. Vielleicht versteckt sich die Liebe nur hinter der Ehrfurcht.

Susanne. Das ist eine Redensart.

Figaro (ihr zu Füßen fallend). Holdeste der Frauen, Sie sehen mich zu Ihren Füßen; oder vielmehr, Sie sehen mich nicht, weil's dunkel ist. Hören Sie denn mein Geständniß, kurz und gut: Madam, ich liebe Sie!

Susanne (für sich). Meine rechte Hand juckt mich.

Figaro. Madam, die Rache ist süß. Ich bitte um Ihre Hand.

Susanne (mit einer kräftigen Ohrfeige). Da hast du sie!

Figaro. Demonio, war das eine Ohrfeige!

Susanne (noch einmal zuschlagend). Da hast du noch eine!

Figaro. Welch köstliches **Qui pro quo!**

Susanne (schlagend, aber leichter, vielleicht mit dem Fächer). Ein Qui pro quo? Das hast du für deinen Verdacht, deine Rache, deine Vorsätze. Nun sag' wieder wie heute Morgen: Ist das eine Liebe!

Figaro (indem er lachend aufsteht). Ja wohl, ist das eine Liebe! Schlag' nur zu, mein Engel; aber wenn du müde bist, schau' mit Güte den glücklichsten aller Männer an, der jemals von seiner Frau geprügelt wurde.

Susanne. Den Glücklichsten? Auch ohne die süße Rache mit der Gräfin?

Figaro. Als ob ich dich nicht an deiner Stimme erkannt hätte! (Kopirend.) »Das läßt du bleiben.« (Susanne lacht.) Aber sage mir nur, wie du hierher und in der Gräfin Kleider kommst, während ich dich in den deinigen dort (Pavillon rechts) verschwinden sah?

Susanne. Das ahnst du noch nicht? Du bist in das Eisen gegangen, das für einen Andern gestellt war. Oder besser: wir haben zwei Füchslein statt eines gefangen.

Figaro. Wer war denn aber hier beim Grafen?

Susanne (leicht). Seine Frau.

Figaro (außer sich). Seine Frau?!

Susanne (nickt.) Seine Frau!

Figaro (umherspringend, wie toll). Häng' dich auf, Figaro, häng' dich auf! Das wäre dir niemals eingefallen! O Weiber, Weiber, Weiber! Wie viele Millionen Erzteufelchen habt ihr in eurem Solde? Also die Küsse hier im Grünen?

Susanne. Nahm die Gräfin in Empfang.

Figaro. Und den Kuß des Pagen?

Susanne (lachend). Der Herr Graf.

Figaro. Heute Morgen aber, hinter dem Lehnstuhl?

Susanne. Wurde nicht geküßt!

Figaro. Weißt du das auch gewiß?

Susanne. Figaro, soll's wieder Ohrfeigen regnen?

Figaro. Die deinigen sind Gold, – die des Grafen war echtes – Blei.

Susanne. Erklärst du nun endlich dich für besiegt?

Figaro (mit begleitender Pantomime). Auf den Knieen – im Staube, – wie ein Türk, mit dem Bauch auf der Erde, – so bet' ich dich an!

Susanne (laut lachend). Wie der arme Graf sich abgequält hat.

Figaro (einfallend). Um seiner Frau den Hof zu machen! Unübertrefflich!

(Der Graf erscheint im Hintergrunde.)

Figaro. Susanne. Graf.

Susanne (leise). Da ist er!

Graf (suchend). Wo mag Susanne geblieben sein? (Zum Pavillon rechts) Sie muß sich hier versteckt haben.

Susanne (wie oben). Er hat die Gräfin nicht erkannt.

Figaro (wie oben). So spiele du ihre Rolle weiter, damit er ganz von Sinnen kommt! (Er küßt Susannen laut und auffallend die Hand.)

Graf (sich umwendend und vorkommend). Die Gräfin, so wahr ich lebe, und ein Fremder zu ihren Füßen.

Figaro (mit verstellter Stimme). Daß uns der Graf auch heute Morgen gerade stören mußte!

Graf (für sich, mit wachsendem Zorn). Das ist der Mensch, der im Kabinet der Gräfin versteckt war!

Susanne (auf Figaro's Scherz eingehend). Zum guten Glück rettete Sie der Sprung aus dem Fenster.

Figaro. Jetzt sind wir sicher. Gehen wir in den Pavillon, theuere Gräfin. (Er küßt Susannen.)

Graf. Hölle und Teufel!

Susanne. Ueberzeugen Sie sicherst, daß wir sicher sind; dann folgen Sie mir. (Sie schlüpft in den Pavillon links, wo Fanchette, Marzelline, Cherubin sich versteckt haben.)

Figaro (immer mit verstellter Stimme und übertreibend). Ich bin der Glücklichste aller Sterblichen. (Er will folgen.)

Graf (Figaro hart anfassend und aufhaltend). Des Todes bist du, Elender, wer du auch sein magst.

Figaro (mit erheucheltem Entsetzen). Barmherzigkeit des Himmels! Der gnäd'ge Herr!

Graf (Figaro erkennend). Figaro! O du Abschaum der Menschheit! Heda, holla! Licht her! (Figaro sucht dem Grafen zu entschlüpfen.)

Graf. Figaro. Pedrillo.

Pedrillo. (herbeieilend, gestiefelt und gespornt). Endlich find' ich den gnädigen Herrn!

Graf. Du bist's, Pedrillo?

Pedrillo. Just angelangt von Sevilla,– in gestrecktem Galop, wie befohlen!

Graf. Komm näher, schrei' so laut du kannst!

Pedrillo (überlaut). Zu Befehl. Von keinem Pagen keine Spur nicht zu finden.

Graf. Dummkopf!

Pedrillo (noch lauter). Da ist das Patent wieder! (Er will es dem Grafen überreichen.)

Graf (Pedrillo zurückstoßend.) Geh' zum Teufel! Heda, holla! Licht her!

Vorige. Bartholo. Basilio. Friedensrichter. Antonio. Dienerschaft (mit Fackeln).

Bartholo (zu Figaro). Du hast gerufen? Da sind wir!

Graf (auf den Pavillon links deutend). Pedrillo, besetz' diese Thür!

Pedrillo. Zu Befehl! (Er postirt sich vor dem Pavillon)

Graf (zur Dienerschaft, auf Figaro deutend). Versichert euch dieses Menschen! Euer Leben haftet mir für ihn. (Zu Figaro.) Deine Frechheit, Elender, wird dir dies Mal nichts nützen. Wirst du antworten auf meine Fragen?

Figaro. Ich muß wohl, da Sie Alle hier beherrschen, Excellenz, – nur sich selbst nicht!

Graf. Mich selbst nicht!

Antonio. Das heiß' ich reden.

Graf. Wenn etwas meine Wuth vergrößern könnte, wäre es seine erheuchelte Ruhe.

Figaro. Sind wir Soldaten, die todtschlagen und sich todtschlagen lassen, ohne zu wissen, wofür? Ich will wenigstens wissen, warum ich mich ärgere.

Graf. Elender! Nun, rechtschaffener, unschuldiger Mensch, wirst du die Güte haben, uns zu sagen, welche Dame du eben in den Pavillon geführt hast?

Figaro (rechts deutend). In diesen rechts?

Graf (rasch und verwirrt). Nicht doch, in jenen links!

Figaro. Das ist etwas Anderes. (Langsam.) In diesem Pavillon links befindet sich allerdings eine Dame, welche mich mit ihrer Gunst beglückt.

Graf. Wer ist die Dame? Wem gehört sie an?

Figaro. Ein vornehmer Herr hat sich eine Zeit lang mit ihr beschäftigt. Jetzt aber giebt sie mir den Vorzug vor ihm; ob weil er sie vernachlässigt, oder weil ich ihr besser gefalle, – das verbietet mir meine Bescheidenheit zu erklären!

Graf. Der Unverschämte! Oeffentlich, wie seine Schuld, soll auch seine Strafe sein. (Er eilt in den Pavillon links.)

Bartholo. Was wird da herauskommen?

Zwölfter Auftritt.

Vorige. (Dann kurz nach einander aus dem Pavillon links:) Cherubin. Fanchette. Marzelline. Susanne. (Zuletzt aus dem Pavillon rechts:) Gräfin.

Graf (Cherubin, der sich sträubt, hervorziehend). Ihr Sträuben ist umsonst, Madame! Sie sind entdeckt, sind verloren!

Figaro (als Cherubin in den beleuchteten Vordergrund tritt). Guten Abend, Herr Page!

Alle. Der Page!

Graf (außer sich). Immer und überall der vermaledeite Page! Was machtest du in dem Pavillon?

Cherubin (ängstlich). Ich versteckte mich. Der gnädige Herr hatte mir verboten, mich sehen zu lassen.

Graf. Antonio, gehe du hinein, führe das treulose Weib vor ihren Richter, ihren Gatten, – vor mich!

Alle (außer Figaro). Die gnäd'ge Gräfin?

Friedensrichter. Die gnädige Gräfin?!

Antonio. Mit Respekt zu sagen, nu' wissen Ex'lenzchen doch auch 'mal wie's thut, wenn ein Ehemann angeführt wird! Wie oft haben Sie nicht…

Graf (einfallend). Schweig' und thue, was ich dir geheißen! (Antonio ab in den Pavillon links.) Es wird sogleich sich zeigen, daß der Page nicht allem im Pavillon gewesen.

Cherubin. Mein Schicksal wäre zu hart gewesen, hätte nicht ein zärtliches Herz es getheilt.

Antonio (Fanchetten herausziehend). Das nutzt nun einmal nichts. Wer drin ist, muß heraus!

Figaro. Bäschen Fanchette!

Alle. Fanchette!

Antonio. Ex'lenz, was zu arg ist, ist zu arg! Den eigenen Vater schicken Sie, um die Tochter an das Licht zu bringen?

Graf. Wußte ich, daß sie drin steckte?

Bartholo (zum Grafen). Erlauben Excellenz, daß ich die Sache aufkläre? Ich bin unbeteiligt, unparteiisch. (Er geht, auf einen bejahenden Wink des Grafen, in den Pavillon links ab.)

Friedensrichter. Ein äußerst verwi-wi-wickelter Ca-Ca-Casus.

Bartholo (Marzellinen hervorziehend). Fürchten Sie nichts, Frau Gräfin! Ihr alter Vormund weiß, was er seinem Rosinchen schuldig ist. (Er erkennt Marzellinen.) Meine Frau! Marzelline!

Alle. Marzelline!

Figaro. Mama hat auch mitgespielt!

Antonio. Alter schützt vor Thorheit nicht.

Graf. Werd' ich endlich erfahren, wo die Gräfin …. (Er unterbricht sich, als er Susannen aus dem Pavillon links treten sieht.) Ha, da kommt sie! Treten Sie heran, Madame, Ihr Urtheil zu empfangen!

Susanne (wirft sich ihm zu Füßen, das Gesicht versteckend).

Graf. Keine Gnade!

Figaro (kniet ebenfalls vor ihm).

Graf. Nein, nein, sag' ich. (Marzelline, Bartholo, Cherubin, Fanchette knieen nach einander nieder und erheben bittend ihre Hände.) Noch einmal, noch hundert Male nein, und wenn ihr zu Hunderten vor mir niederfielet!

Gräfin (langsam aus dem Pavillon rechts kommend, in dessen Thür sie schon länger gelauscht hatte, und ebenfalls vor dem Grafen niederknieend). Auch für mich hätten Sie kein Ja?

Graf (die Gräfin und Susannen erstaunt betrachtend). Was seh' ich?

Antonio. Meine Nichte Susanne ist Gräfin geworden!

Fanchette. Und die gnädige Gräfin trägt den Brautschleier!

Graf (die Gräfin aufhebend). Sie waren es, Gräfin? (Für sich.) Welche Beschämung! (Zur Gräfin.) Gräfin, Frau, – Rosinchen, nur deine großmüthige Verzeihung kann mich retten!

Gräfin. Wenn ich nun auch nein, nein, und hundert Male nein sagte? Doch ich will Gnade für Recht ergehen lassen und Ja sagen. Zum dritten Male an diesem ereignißreichen Tage spreche ich es aus: Ich verzeihe! (Sie steht auf.)

Susanne (aufstehend). Ich auch.

Marzelline (aufstehend). Ich auch.

Figaro (aufstehend). Ich auch. (Während sich Alle erheben.) Excellenz hatten Recht: hier giebt es ein Echo.

Graf. Du hast Alles mit angehört! (Halblaut.) Ich wollte sie überlisten, und sie haben mit mir wie mit einem Knaben gespielt.

Gräfin. Lassen Sie sich das nicht leid sein, lieber Graf; Sie haben gelernt bei dem Spiele.

Figaro (mit seinem Hut die Kniee sich abstäubend). Solch ein toller Tag ist eine vortreffliche Schule für einen Diplomaten.

Graf (zu Susannen). Also dein Billet mit der Stecknadel?

Susanne (mit einem Knix). War diktirt von der gnädigen Gräfin.

Graf (der Gräfin galant die Hand küssend). Ich werde die Antwort nicht schuldig bleiben.

Gräfin. So bekommt denn Jeder, was ihm gehört. (Sie giebt an Figaro die Börse, an Susannen das Etui mit dem Ring.)

Susanne (fröhlich zu Figaro). Noch eine Mitgift!

Figaro. Nummer drei. Aber diese war schwer verdient.

Fanchette. Nur ich habe nichts gekriegt, nicht einmal ein Band für meinen schönen Hochzeitsstrauß.

Gräfin (das Band des Pagen hervorziehend und nach einigem Zögern Fanchetten es überreichend). Nimm dieses, mein Kind.

Cherubin (das Band hastig wegreißend). Dies Band gehört mir. versuche Niemand es mir zu entreißen.

Graf (lachend zum Pagen). Junger Held, wie hat die Ohrfeige geschmeckt?

Cherubin (den Degen halb ziehend). Eine Ohrfeige – mir, mein Herr Obrist?

Figaro. Ich habe sie für ihn erhalten; das ist die Gerechtigkeit der großen Herrn.

Graf. Er empfing sie für ihn? Köstlich, meinen Sie nicht, liebe Gräfin?

Gräfin (zerstreut, sich sammelnd). Gewiß, mein Gemahl; niemals im Leben wieder mit dem Feuer gespielt.

Graf (dem Friedensrichter auf die Schulter schlagend). Und Sie, gestrenger Richter, was sagen Sie dazu?

Friedensrichter. Was ich sa...sa..sage? Ich sage, wie ich den..den..ke: gar nichts!

Alle. Gut gesprochen.

Figaro (in die Mitte der Bühne tretend, zur Schlußwendung an das Publikum). Ich war arm, man verachtete mich. Ich war klug, man haßte mich. Nun erhalte ich eine schöne Frau, ein Vermögen...

Bartholo (fällt lachend ein). Und Freunde werden dir in Menge kommen.

Figaro (die Zuschauer grüßend). Meine Frau und mein Vermögen ausgenommen, werden mir alle willkommen sein.

(Gruppe zum Schlußgesang.)
Strophe 1: Basilio.

> Ein hübsches Weib, ein hübsch Vermögen
> Ist schier zu viel für Einen Mann;
> Vergebens ficht auf seinen Wegen
> Der Neid, die Eifersucht ihn an.
> Er mag das Sprichwort überlegen, –
> Wie heißt es doch, wer drückt es aus?

Figaro (einfallend, gesprochen). Ich weiß. (Singend.) Wer's Glück hat, führt die Braut nach Haus.

Basilio (gesprochen). Nicht doch. (Singt:) Wer's Glück hat, geht allein nach Haus.
Strophe 2: Susanne.

Ein Eheherr verletzt die Treue,
Er rühmt sich deß, und Jeder lacht;
Thut's eine Frau, trotz ihrer Reue
Wird's ihr von aller Welt verdacht.
Warum dies Unrecht stets auf's neue
Begangen wird? Ei, habet Acht:
Weil Männer das Gesetz gemacht.:,:

Strophe 3: Figaro.

Zur Sicherheit vor jedem Schaden
Kauft sich ein eifersücht'ger Mann
Zwei Hund' und legt sie an den Laden
Vor seines Weibchens Fenster an;
Die beißen Jeden in die Waden, –
Nur den nicht, der verkauft das Paar,
Und der des Weibchens Liebster war.:,:

Strophe 4: Gräfin.

Gar manche Frau thut stolz und züchtig,
Die ihrem Mann nicht mehr gehört;
Bei einer and'ren ist's nicht richtig,
Die stündlich ihre Treu' beschwört:
Die beste ist, die still und tüchtig
Sich selbst und ihren Werth bewacht,
Doch wenig Wort' und Schwüre macht.:,:

Strophe 5: Graf.

Ein braves, treues Weib vom Lande
Gefällt nicht in der großen Welt;
Die Dame nur von hohem Stande,
Die Modedame, sie gefällt.
Sie gleicht der Scheidemünz' im Lande:
Ein einzig Bildniß steht darauf, –
Doch braucht sie Jedermann im Kauf. :,:

Strophe 6: Marzelline.

Die ihm das Leben hat gegeben,
Die Mutter kennet Jedermann;
Das Andre – bleibt im Dunkel eben,
Das nur die Liebe lichten kann.

Figaro (einfallend:)

Daraus erklärt sich wohl im Leben,
Warum oft Kind und Kindeskind
Von Narren kluge Leute sind.:,:

Strophe 7: Figaro.

Die Wiege schon bestimmt hienieden
Zum Fürstenthron, zum Bauernhaus;
Der blinde Zufall hat geschieden,
Allein der Geist gleicht wieder aus.
So kommt's, daß man trotz Krieg und Frieden
Gar manchen König bald vergißt,
Indeß Voltaire unsterblich ist. :‚:

Strophe 8: Cherubin.

O liebe Mädchen, liebe Frauen,
Ihr unser Unglück, unser Glück,
Zwar spricht man oft von Euch mit Grauen,
Und kehrt doch stets zu Euch zurück;
Das Gleich' ist hier im Haus zu schauen:
Gar Mancher buhlt um's Publikum,
Der thut, als scheer' er sich nicht drum. :‚:

Strophe 9: Susanne.

Manch tiefe Wahrheit ist gelegen
In unsrem lust'gen, tollen Spiel;
Verzeiht darum, des Spaßes wegen,
Den Ernst, auch wenn er Euch mißfiel.
So will's Natur zu unsrem Segen,
Daß wir durch Wahn zur Weisheit gehn
Und unverhofft am Ziele stehn.

Strophe 10: Friedensrichter.

Ihr He...Herrn, das Stück, aus dem wir gehen,
Und dem Ihr jetzt das U..U..Urtheil gebt,
Es malt, nach der Na..Natur gesehen
Das gute Vo..Volk, wie's leibt und lebt;
Drückt man's, so wird es wi..widerstehen,
Es schreit, es to..tobt, thut dies und das, –

Zuletzt geht A..Alles aus in Spaß!

(Zum Ende allgemeiner Tanz.)

Fußnoten

1. Wir folgen in unseren Aufzeichnungen dem neuesten, verdienstvollen Biographen Beaumarchais', Lomenie.

2. Beaumarchais' Familie scheint diese Verherrlichung einer brüderlichen That, allerdings sehr auf Kosten der Wahrheit, wenig geschätzt zu haben. Als Goethe's Schauspiel auf die französische Bühne verpflanzt wurde, mußte der Name Beaumarchais in Ronac verwandelt werden, durch ein Anagramm des ehemaligen Namens Caron.